"十四五"职业教育省级规划教材

国家在线精品课程配套教材

职业教育教学改革融合创新型教材

职业沟通技能 第二版

Zhiye Goutong Jineng

吕书梅　主编

东北财经大学出版社
Dongbei University of Finance & Economics Press

国家一级出版社
全国百佳图书出版单位

"十四五"职业教育省级规划教材

国家在线精品课程配套教材

职业教育教学改革融合创新型教材

职业沟通技能 第二版

Zhiye Goutong Jineng

吕书梅 主编

东北财经大学出版社

Dongbei University of Finance & Economics Press

大连

图书在版编目（CIP）数据

职业沟通技能 / 吕书梅主编 . —2版 . —大连：东北财经大学出版社，
2024.2（2025.10重印）

（职业教育教学改革融合创新型教材）

ISBN 978-7-5654-5011-2

Ⅰ.职… Ⅱ.吕… Ⅲ.人际关系学 Ⅳ.C912.11

中国国家版本馆 CIP 数据核字（2024）第 013261 号

东北财经大学出版社出版

（大连市黑石礁尖山街217号 邮政编码 116025）

网 址:http://www.dufep.cn

读者信箱:dufep@dufe.edu.cn

大连金华光彩色印刷有限公司印刷 东北财经大学出版社发行

幅面尺寸：185mm×260mm 字数：345千字 印张：16.75

2024年2月第2版 2025年10月第2次印刷

责任编辑：张旭凤 责任校对：何 群

封面设计：原 皓 版式设计：原 皓

定价：44.00元

教学支持 售后服务 联系电话：(0411) 84710309

版权所有 侵权必究 举报电话：(0411) 84710523

如有印装质量问题，请联系营销部：(0411) 84710711

第二版前言

党的二十大报告明确指出，培养什么人、怎样培养人、为谁培养人是教育的根本问题。教材是课程建设与教学内容改革的载体，是支持教学的重要抓手，培根铸魂、启智增慧，事关人才培养质量。此次改版坚持把"立德树人"的育人之魂有机融入教材，把对学生的价值塑造、能力培养和知识传授融为一体，并通过内容丰富、形式多样的课程实训资源，切实将课程思政有效转化为学生的内在能力和自觉德行，帮助学生提升沟通能力和素养，为学生个人成长、素质提升、职场成功提供帮助。

2022年，"职业沟通技能"课程被认定为国家在线精品课程。课程在"智慧树网"上线，并同步在国家职业教育智慧教育平台。截至目前，选课学生数为5.1万人，选课本专科学校178所，公众学习者所属学校115所。本教材是该课程配套的学习教程，并于2023年被评为省级"十四五"职业教育规划教材。

此次改版依然围绕"以学生为中心、以实训为导向、促进自主学习"的思路，构建"线上课程+线下实训""小任务实训+综合实训""问题导向+任务驱动""学内容+记笔记"等多功能并举的深度学习体系。为进一步方便教师开展基于SPOC的翻转课堂、混合式教学，服务学生的深度自主学习、实践和考核，并在此过程中强化课程思政建设，突出教材的"学习资料"功能和活页特征，此次改版呈现出以下特点：

1.书课互嵌，体系完整，更加方便教师和学生使用

教材中以二维码形式嵌入了国家在线精品课程视频内容，为了提升课堂实训效率和效果，学生可以课前先行扫码学习知识点，提前做好准备。改版新增"知识准备"，帮助学生在实训前强化复习线上学习要点。围绕知识、能力、素养目标，进一步完善考核体系，在项目结束处新增"知识考核"内容。每一个任务都配有实训资源，每一个项目都配有综合实训，落实对教学效果的综合测评，方便教师组织翻转课堂、开展混合式教学以及学生的自主学习和实践。

2.强化"立德树人"，有机融入课程思政元素

党的二十大报告指出，育人的根本在于立德。此次改版注重寓思政元素于实训资源，增加中国元素，比如，案例中引入中国成功举办冬奥会的事例，讲述"共和国勋章"获得者的故事，举行"我与祖国同在"演讲活动等，让学生在能力提升的同时提高素养，更好地达成素养目标。

3.突出活页特色

第一，教材兼具学习笔记的功能，学生可以把自己收集到的相关内容或者在实习实训中获得的企业案例，记录整理，打开活页扣加装进来，实现由学生个人生成教材内容，学生成为教材的主人。

第二，每一个模块最后的总结区，由学生自己用思维导图等形式提炼知识点、技能点，记录本模块的实践和感受以及学习中的发现和建议，如果内容较多，可以打开活页扣，加装补充在相应内容中，便于复盘。

4.产教进一步融合

在教材改版过程中，编写团队做了充分调研，得到了山西中通吉供应链管理有限公司人力资源部经理李逸群的大力支持，并提供了由企业实践改编的案例，教师和企业专家深度沟通，精心打磨。

吕书梅老师是国家在线精品课程"职业沟通技能"的主讲教师。本教材改版由吕书梅老师担任主编，具体分工为：吕书梅老师编写模块一，冯锦军老师编写模块二，叶晴老师编写模块三，甄珍老师编写模块四，刘鹏飞老师编写模块五，王玉芹老师编写模块六，李逸群经理编写模块七。教材改版正值吕书梅老师援疆工作期间，改版工作还得到了新疆昌吉职业技术学院经济管理分院刘鹏飞书记、叶晴院长等的大力支持，东北财经大学出版社张旭凤编辑对教材的改版提出了宝贵建议，在此一并表示感谢！全书由吕书梅老师统纂定稿。

本教材主要适用于在校大学生以及社会学习者，也可作为企业内部培训教材。由于编者时间和精力有限，教材编写难免有疏漏和不足，希望全国的教师同行们以及行业专家给予批评指正，真诚期待大家的帮助和支持，欢迎提出宝贵意见或建议鞭策我们再接再厉！

编　者

2023年10月

目录

二维码资源目录

模块一　沟通素养与内涵

学习目标

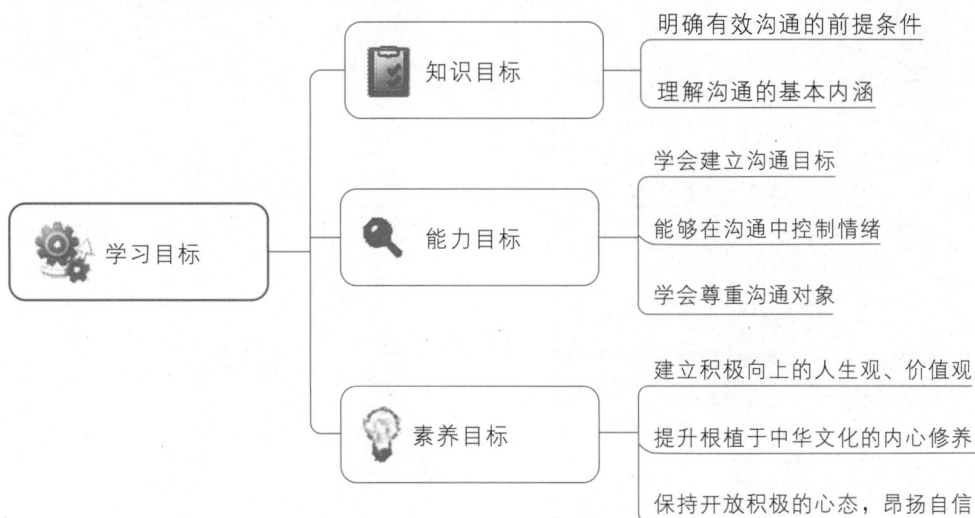

学习目标	知识目标 — 明确有效沟通的前提条件 理解沟通的基本内涵
	能力目标 — 学会建立沟通目标 能够在沟通中控制情绪 学会尊重沟通对象
	素养目标 — 建立积极向上的人生观、价值观 提升根植于中华文化的内心修养 保持开放积极的心态，昂扬自信

【关键词】　沟通内涵　沟通目标　沟通内容
　　　　　　沟通结果　沟通素养

【学习重点】　掌握沟通的内涵
　　　　　　　认识情绪对沟通的影响

【学习难点】　如何正确理解沟通的结果
　　　　　　　如何尊重沟通对象
　　　　　　　如何在沟通中保持客观中立

项目一 建立有效沟通的前提条件

任务一 如何营造良好的沟通氛围

> ### 任务解析

> 沟通总是发生在一定的氛围中，这种氛围会影响人在沟通中的心理感受，进而直接影响沟通效果。那么，什么样的沟通氛围更有利于获得好的心理感受并产生良好的沟通效果呢？

> ### 知识准备

一、安全放松的氛围

人在安全的氛围中，才会畅所欲言。当担心对话会使自己受到伤害时，人便会犹豫和畏缩，甚至隐瞒内心的想法。当安全氛围遭到破坏时，沟通对象极有可能选择沉默或逃避，拒绝进一步沟通；或者诉诸言语暴力，试图强迫对方接受其观点。在这样的情形下，最好先暂停沟通对话，重建安全的氛围，比如，可以表示歉意，也可以积极寻找或重新创建共同的目标，让对方感受到你和他是平等的，你对他是重视和尊重的。

二、自然舒适的氛围

通常人们都很喜欢轻松自然、没有压力的沟通氛围。沟通中如何才能让对方感到轻松自然而没有压力呢？印度哲学家克里希那穆提（J.Krishnamurti）曾经说，不带评论的观察是人类智力的最高形式。但是对于大多数人而言，在沟通中很难不带评判、不带指责或者不带分析和评论。而评判、指责或者分析和评论都会带给对方很大的压力，或者使对方心里不舒服，以至于无法正常沟通。因此，沟通中要注意区分观察和评论、事实和想法，尽量注意不要简单评论对方的话，或者评判对方；多关注并发现对方行为背后的感受，分析感受背后的想法，寻找想法背后的事实，这样才容易使沟通变得轻松自然。

三、开放积极的氛围

人在感受到被重视、被认可、被赞同的情况下，会收获更多的开心，更容易打开自己，也就愿意更多地进行沟通。相反，如果传递消极信息，沟通变得不友善或者充满防卫，就会严重影响沟通效果。因此，在沟通中多使用积极肯定的语言、多表达对沟通对象的认可和赞美是很有价值的，这样更容易打开沟通对象的心扉，进行深入沟通。

❯ 要点小结

如何营造良好的沟通氛围：
- 安全放松的氛围
- 自然舒适的氛围
- 开放积极的氛围

❯ 任务实训

实训目的：

通过案例分享，体会良好的沟通氛围对沟通效果的影响；通过联系实际，进一步明确如何营造沟通氛围，改善沟通效果，保证沟通顺利进行。

实训1：案例分享

实训内容：

重建安全感转危为安

小孙是一位经验丰富的沟通高手，他手上有一个已经投资了一年的项目，现在，自以为是的公司老板正准备插手他的工作。以下是他们之间的对话：

老板：你的意思是我们还要花三个月时间收集数据？简直一派胡言！我要的不是什么数据，而是要看到实际回报。

（小孙意识到老板想知道自己是否关注他的利益，是否尊重他的立场，意识到老板发火可能是因为在与自己的交谈中失去了安全感。）

小孙：我想说的是，我也不愿意浪费时间和资源去做毫无价值的工作，如果您觉得收集实际数据是做无用功，那我马上回去取消这个方案。我知道您面临着时间紧迫的压力，您放心，最后我会按照您的想法去解决的。

（小孙感觉到老板听了他的话之后，情绪有所缓和，安全氛围似乎已经重新建立起来了，于是又返回到先前的问题上。）

小孙：在刚才承诺的基础上，我觉得如果不收集更多的数据，可能会对项目造成一些负面影响。如果您想了解，我可以详细说明其中的情况，然后我们决定下一步该怎么做。

（老板感到对话正在朝有利于自己的方向发展，因此愿意认真听取小孙的想法了。）

会谈结束后，公司老板同意了小孙的意见，认为收集数据是一项很重要的工作，愿意支持这项工作继续进行。

实训步骤：

1.请思考小孙是如何成功地说服公司老板的。

2.如果你是小孙，遇到案例中的情况，你会怎么沟通？

3.请写下你所获得的案例启示并进行分享，或者上传至群共享。

实训2：联系实际

实训步骤：

1.两人一组，对照表1-1左栏中的表达，讨论并区分"观察"与"评论"。

表1-1　　　　　　　　　表达中的"观察"与"评论"

表达	观察	评论
开会时，经理没有问我的意见		
李明的工作时间太长了		
你经常迟到		
客户昨天无缘无故对我发脾气		
同事说我穿黄色衣服不好看		
我的主管经常发牢骚		

2.与同学分享自己的习惯说法，并区分哪些是"观察"，哪些是"评论"。

3.请写下分享带给你的启示，并上传至群共享。

任务二　沟通中如何保持客观中立

▶ 任务解析

沟通中人们常常会根据自己的想法和判断下结论，很难保持客观中立，沟通中的矛盾和冲突往往也是由于人们过度相信自己的想法和判断。然而，由于人的认知是有局限性的，有些判断可能存在偏颇，因此，在沟通中要提醒自己注意保持客观中立。

▶ 知识准备

一、沟通中保持客观中立的必要性和重要性

每个人的头脑中都有对世界的认知和描绘，这个认知和描绘就像把世界在头脑中画成了地图。头脑中的地图不是真实的地形，但是我们通常很容易把它当作真实地形，也就是人们总是认为自己的认识是正确的，这也就为矛盾和冲突的产生埋下了陷阱。

1-1　如何在沟通中保持客观中立

每个人的人生经历不一样，必然会形成不一样的认知和价值倾向，而人的沟通必然会受到认知和价值倾向的影响。如果在沟通中过于强调自身的认知或价值倾向的重要性、正确性，而忽略对方的认知、想法和感受，往往会容易产生误解、矛盾和冲突。一个过于自我、思想偏激的人，很难在沟通中取得好的效果。

因此，在沟通中保持客观中立既必要又重要。

二、正确理解"客观中立"的含义

沟通中的"客观中立"，一方面是指不要仅凭自己的主观意见去评价周围的人、事、物，尽可能采取实事求是的态度；另一方面是指保持客观中立的态度并不等于要抛弃自己的主见，在沟通中仍然可以拥有自己的主见并提出建议。虽然沟通中始终保持客观中立很难做到，但是至少要树立这样的意识，并不断保持觉察。

三、区别"推论"与"事实"

盲人摸象的故事告诉人们，局部不能代表整体，不能依据局部妄下结论。然而沟通中过于执着于自己想法的人，就如同盲人摸象一般，依据自己的想法推理别人，显然自己的想法有可能与事实不相符，这样也就几乎不可能有真正意义上的沟通，因此，沟通中要注意区别"推论"与"事实"。

▶ 要点小结

沟通中如何保持客观中立：
- 保持客观中立的必要性和重要性
- 正确理解"客观中立"的含义
- 区别"推论"与"事实"

▶ 任务实训

实训目的：

通过案例分享，认识到如果混淆"推论"与"事实"，则会引发矛盾和冲突；明确沟通中保持客观中立的必要性；通过联系实际，进一步学会以客观中立的态度看待问题。

实训1：案例分享

实训内容：

商店打烊时

某商人刚关上店里的灯，一名男子来到店内索要钱款，店主打开收银机，里面的东西被倒了出来，然后那名男子逃走了。一名警察很快接到报案。

仔细阅读表1-2中有关上述故事的描述并作出选择。

T——正确　F——错误　U——不清楚

表1-2   "商店打烊时"故事的描述判断

故事的描述和判断	T	F	U
店主将店堂内的灯关掉后，一名男子到达			
抢劫者是一名男子			
来的那个男子没有索要钱款			
打开收银机的那个男子是店主			
店主倒出收银机中的东西后逃离			
故事中提到了收银机，但没说里面具体有多少钱			
抢劫者向店主索要钱款			
索要钱款的男子倒出收银机中的东西后，急忙离开			

实训步骤：

    1.请思考你从上述内容中获得了怎样的启示。

    2.两个同学一组，分享感受。

    3.请写下你的感受和启示，并上传至群共享。

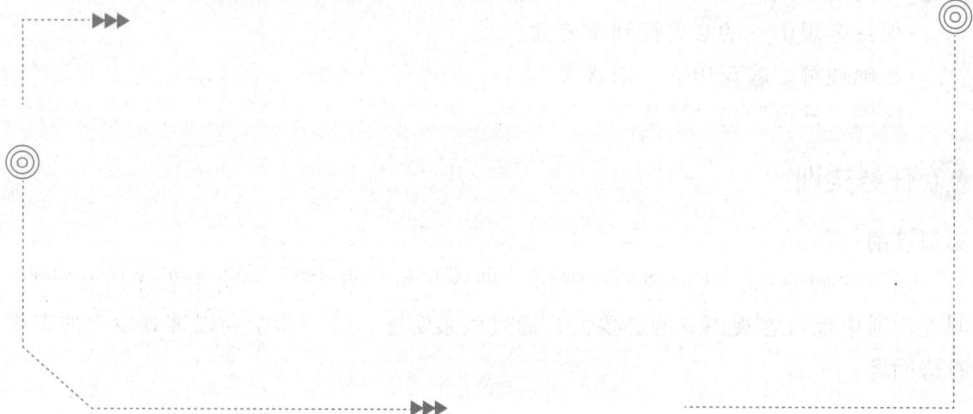

实训2：联系实际

实训步骤：

    1.两人一组，互相分享。

    2.列举自己头脑中的固有认知，比如"眼见为实"等，从客观中立的角度重新思考并获得新认知。

    3.请写下分享带给你的启示，上传至群共享。

任务三　沟通中如何尊重对方

▶ 任务解析

美国著名心理学家威廉·詹姆斯曾经说过，人类内心最深沉的渴求，就是得到充分的尊重。尊重是一种修养，一种品格，是对人不卑不亢、不俯不仰的平等相待，是对他人人格与价值的充分肯定。只有建立在平等的基础上，沟通才可能真正有效果。

▶ 知识准备

一、了解尊重

尊重不一定等同于接受和认同，尊重是建立在承认彼此原本就不完全相同、不可以操控对方的基础上。"我可以不同意你的观点，但我一定要给予你说话的权利"，沟通中要让对方充分地表达自己的观点，并能就对方与自己不同的观点保持好奇，让自己认识到更多的可能性。

1-2　沟通
中如何尊重
对方

二、尊重他人的内心世界

每个人的成长环境和经历各异，从而形成了不同的信念和价值体系，这是一个人内心世界形成的基础。真正的尊重是一份理解、一份接受，理解和接受别人与我们有着不一样的观念、态度和做法，尊重他人的内心世界。

三、尊重他人的人格

人格是一个人立足社会的资格。人格是人类独有的，是平等的。一个人无论职位高低、富贵贫贱、能力大小，在沟通中都是值得尊重的。尊重他人的人格，沟通自然可以顺利进行。一个真正懂得尊重他人的人，一定能赢得他人的尊重。

四、尊重他人的界限

每个人都有自己独立的空间和界限，如果侵犯他人的界限，便意味着失去了尊重。任何自大、过于自我、自私、操控或者多疑的行为，在本质上都是一种侵犯他人界限的表现。有效的沟通是尊重界限的。

▶ 要点小结

沟通中如何尊重对方：
- 了解尊重
- 尊重他人的内心世界
- 尊重他人的人格
- 尊重他人的界限

▶ 任务实训

实训：联系实际

实训目的：

通过联系实际，结合亲身经历，充分感受尊重，学习在沟通中做到尊重沟通对象。

实训步骤：

1. 两人一组，互相分享。
2. 先分享一个在日常生活中感受到被尊重的例子。
3. 再分享一个日常生活中没有被尊重的例子。
4. 请写下你所获得的启示，上传至群共享。

实训拓展：

　　请把你收集的与本任务相关的案例、情景、活动等，打开活页扣，加装进来。

项目二 沟通素养养成

任务一 如何提升职业人的基础素养

▶ 任务解析

素养是一个人成长、成才的根本，素养的养成需要学习、实践和训练。职业人必须具备一定的职业素养。一个人职业素养的养成，与他所处的文化环境、教育程度、学习实践等有很大的关系。一个人良好的沟通与其职业素养密不可分。提升一个职业人的基础素养应包含哪些方面呢？

▶ 知识准备

一、提升思想素质

毛泽东在《人的正确思想是从哪里来的？》一书中说："无数客观外界的现象通过人的眼、耳、鼻、舌、身这五个官能反映到自己的头脑中来，开始是感性认识。这种感性认识的材料积累多了，就会产生一个飞跃，变成了理性认识，这就是思想。"

思想是一个人行为方式和情感方法的重要体现。思想教育以追求真善美为目标，帮助人们形成积极向上的世界观、人生观、价值观等。思想素养是一个人快乐工作、幸福生活的根基。

二、提升文化素养

作家梁晓声曾经说，文化是植根于内心的修养，是无须提醒的自觉，是以约束为前提的自由，是为别人着想的善良。

文化素养是指用优势文化中的习语、隐喻和非正式内容流利交谈的能力。提升文化素养需要正确理解文化的相互影响并作出反应。文化对沟通的影响至关重要，尤其是跨文化沟通。

三、提升人格素质

《现代汉语词典》中对人格这样注释：人格是人的性格、气质、能力等特征的总和；人格是个人的道德品质，是人作为权利、义务主体的资格。人格是稳定的、习惯化的思维方式和行为风格，它贯穿于人的整个心理，是人独特性的整体写照。人格是平等的，沟通中我们要尊重不同的人格。

心理学上，人格被认为是一个人心理素质和修养的外在体现，反映着一个人的道德品质、思想情感、性格气质、学识修养、处世态度等。人格魅力意味着在性格、气质、能力、道德品质等方面具有的能吸引人的力量。

四、提升专业素养

专业值得信赖，专业值得尊敬。

专业素养是指从事社会职业活动所必备的专业知识、专业技能，主要包括扎实的专业理论基础、熟练的专业技能、全面的业务能力等。不同的职业岗位有不一样的专业要求。

❯ 要点小结

如何提升职业人的基础素养：
- 提升思想素质
- 提升文化素养
- 提升人格素质
- 提升专业素养

❯ 任务实训

实训：案例分享

实训目的：

通过案例分享，认识思想和文化对人的重要影响，明确职业素养是成就职业人的基础，同时，职业素养是有效沟通的基础。

实训内容：

思想和文化的影响

美国作家哈尼·鲁宾说：注意你的思想，它会变成语言；注意你的语言，它会变成行动；注意你的行动，它会变成习惯；注意你的习惯，它会变成性格；注意你的性格，它最终会变成你的命运。这说明具备什么样的思想对一个人的影响是至关重要的。

中华民族具有优秀的历史文化。儒释道文化是中华文化的重要组成部分。儒家讲修行，倡导以仁义为本；释（佛）家讲修心，倡导以慈悲为怀；道家讲修性，倡导以修德为基。儒释道文化的主流价值观都是弘扬真善美，都是帮助人们解惑的思想工具。

实训步骤：

1.请思考思想和文化对一个人的影响有哪些。

2.举例说明你对中华优秀文化的认识和理解。

3.请写下你所获得的案例启示，上传至群共享。

任务二 如何提升沟通素养

任务解析

人与人的沟通和交流经常可以反映出一个人的思想和价值倾向。沟通能力的高低总是与个体的沟通思维、习惯、心态等不可分割，因此好的沟通思维、习惯、心态都是沟通素养的重要内容。如何提升沟通素养呢？

知识准备

一、建立沟通思维

一个人说什么和怎么说，通常基于他的思想观念和思维方式。良好的沟通，首先要建立清晰的逻辑思维，只有思路清晰、条理分明且具有较强的逻辑性，才能精准地表达自己的意图。其次，职场沟通往往都是双向的沟通活动，这就要求沟通者建立换位思维、多赢思维。只有建立换位思维，才能站在对方立场去思考、去感受，从而不断调整自己的沟通思路，而多赢思维本质上是一种开放性的思维方式，这种思维可以在沟通中实现人格平等、互相尊重、互相欣赏、互利互惠。

二、培养沟通习惯

习惯是积久养成的带有一定惯性的模式。不同的人有不一样的行为习惯、思维习惯、情感表达习惯等。在沟通活动中，不同的人，沟通习惯也是不一样的。比如：有的人习惯主动沟通，有的人在沟通中习惯专注倾听，有的人在沟通前总是会做好充分准备，有的人善于使用肯定的言辞，有的人在沟通中善于控制情绪，这些都是有利于高效沟通的好习惯。

三、练就沟通心态

人的心态有积极和消极之分，特别是在沟通过程中，保持积极心态可以塑造良好的沟通状态，营造良好的沟通氛围。积极的心态还有利于带动积极的思考、积极的语言和积极的行为。人们总是更愿意和充满热情、昂扬自信、积极阳光的人沟通交流，合作共事。

❯ 要点小结

如何提升沟通素养：
- 建立沟通思维
- 培养沟通习惯
- 练就沟通心态

❯ 任务实训

实训目的：

通过沟通能力测评进行自我对照，明确自身目前的沟通水平，以便更好地开展沟通的学习和实践；通过案例分享，感受沟通素养对沟通效果的影响，不断提升自己的沟通素养。

实训1：自我对照

实训步骤：

1.假如你在职场遇到以下情形，请选出你认为最合适的处理方法。请尽快回答，不要遗漏。

（1）你的一位领导邀请你共进午餐，餐后你回到办公室，发现你的另一位领导对此颇为好奇，此时你会（　　）。

A.告诉他详细内容

B.不透露蛛丝马迹

C.粗略描述，淡化内容的重要性

（2）假如你正在主持会议，有一位下级一直以不相干的问题干扰会议，此时你会（　　）。

A.要求所有的下级先别提出问题，直到你把正题讲完

B.纵容该下级提问

C.告诉该下级在预定的议程完成之前先别提出问题

（3）假如你跟领导正在讨论事情，有人打来长途电话找你，此时你会（　　）。

A.告诉对方你在开会，待会儿再回电话

B.请领导的秘书代接电话，并说你不在

C.接电话，而且该说多久就说多久

（4）假如有位下级连续4次在周末向你提出他想提早下班的要求，此时你会说（　　）。

A.你对我们相当重要，我需要你的帮助，特别是在周末

B.今天不行，下午4点我要开个会

C.我不能容许你早退，你要顾及他人的想法

（5）假如你刚被聘为某部门主管，你知道还有几个人关注着这个职位，上班第一天，你会（　　）。

A.把问题记在心上，但立即投入工作，并开始认识每一个人

B.忽略这个问题，并认为情绪的波动很快会过去

C.个别找人谈话以确认哪几个人有意竞争该职位

（6）假如有位下级对你说："有件事我本不应该告诉你的，但你有没有听到……"你会说（　　）。

A.跟公司有关的事我才有兴趣听

B.我不想听办公室的流言

C.谢谢你告诉我怎么回事，让我知道详情

2.参照评分标准，计算自己的得分，并综合评价。

评分标准：A=3　　　B=2　　　C=1

结果评价：

◆如果你的得分为6~10分，表明你的沟通能力较弱，沟通存在较大的障碍，亟须加强沟通技能的学习和训练。

◆如果你的得分为11~14分，表明你的沟通能力一般。如果能够进一步加强

沟通能力的学习和训练，你将会受益匪浅。

　　◆ 如果你的得分为 15～18 分，表明你具有较强的沟通能力，能够与人进行有效沟通。

实 训 2：案 例 分 享

实训内容：

　　顾客 A 想买到急需的某设备配件，但是目前这个配件已经缺货了，以下是服务员和顾客 A 的两组对话。请比较两组对话并思考。

对话 1

　　顾客 A：我今天急需买到那个小配件。

　　服务员：对不起，这个小配件下周二才能到货。

　　顾客 A：我很着急，今天就需要它。

　　服务员：对不起，我们的库房里没有这种货了。

　　顾客 A：那我今天就想要，怎么办？

　　服务员：我很愿意在下周二到货后给你打电话。

对话 2

　　顾客 A：我今天急需买到那个小配件。

　　服务员：对不起，这个小配件下周二才能到货，你觉得下周二还来得及吗？

　　顾客 A：下周二太迟了，这期间设备就得停工了。

　　服务员：真对不起，我们的库房里没有这种货了，你等一下我问一问其他的维修点是否有货，好吗？

　　顾客 A：好的，没问题。

　　服务员：真不好意思，别的维修点也没有货了。您稍等，我这就去申请一个工程师师傅和您一起去检查一下设备，看还有没有别的解决办法，您看这样行吗？

　　顾客 A：好的，麻烦你了。谢谢！

实训步骤：

　　1.请思考以上两组对话的差异是什么。

　　2.从沟通素养的角度，你获得了怎样的启示，请分享。

　　3.请写下你所获得的案例启示，上传至群共享。

实训拓展：

请把你收集的与本任务相关的案例、情景、活动等，打开活页扣，加装进来。

项目三　沟通内涵解析

任务一　如何确定沟通目标

📎 任务解析

人们常说：目标指引成功，对于沟通活动来说也是同样的道理。职场沟通总是为了实现一定的目标，不是为了沟通而沟通。职场沟通，总是为管理和目标服务的。

📎 知识准备

一、沟通目标设定要符合SMART原则

一个好的沟通目标，需要符合目标设定的SMART原则。

S代表具体的（Specific），目标不能太笼统，忌空话、大话、口号，尽量量化；

M代表可度量的（Measurable），确定了衡量标准，就可以对进展和结果进行评估了；

1-3　如何确定沟通目标

A代表可实现的（Attainable），设定的目标是在付出努力的情况下可以实现的目标，避免设立过高或过低的目标；

R代表相关的（Relevant），具体目标要与总目标或其他目标相关联，与总目标方向要一致；

T代表有时限的（Time-bound），目标要有时间限制或者截止日期。

二、沟通目标确立要建立系统思维，考虑整体平衡

组织是一个系统，组织目标通常是系统性的。比如：有大目标、小目标，长期目标、短期目标，集体目标、个人目标等。职场沟通往往是围绕组织目标来进行的，因此在沟通过程中要建立系统思维，不能仅仅考虑个人的目标和利益，必须放到组织系统中去考虑问题。一方面要照顾组织系统目标的要求；另一方面要兼顾组织中其他人的要求。因此，沟通目标的确立，要有系统思维，考虑整体平衡。

三、沟通目标要用正面词语表达

沟通目标的表述最好使用正面词语。正面词语本身具有激励的力量。人们会更喜欢与习惯正面表达的人沟通，更喜欢与具有正能量的人一起交流。

▶ 要点小结

如何确定沟通目标：

- 沟通目标设定要符合SMART原则
- 沟通目标确立要建立系统思维，考虑整体平衡
- 沟通目标要用正面词语表达

▶ 任务实训

实训：联系实际

实训目的：

通过联系实际，感受正面表达，学会更加有效地表达沟通目标。

实训步骤：

1.两人一组，判断下列话语是否是用正面词语表达的。

- 我不希望找一个没有前途的工作
- 我读书少
- 我不要被人欺负
- 我要交很多朋友
- 我不希望被忽视

2.讨论并分享上述内容如何用正面词语进行表达。

3.列举自身的口头禅或者习惯用语，衡量其是否属于正面表达。

4.请写下你所获得的启示，上传至群共享。

任务二　沟通中如何减少情绪影响

▶ 任务解析

人总是会受到情绪的影响，尤其是在沟通活动中。当人在不良的情绪中沟通时，往往会被情绪影响而偏离沟通目标；也就是说，人在不良的情绪状态下很难实现理想的沟通效果。这样就需要在沟通过程中不断觉察情绪，聚焦目标，最大限度减少情绪对沟通造成的不良影响。

▶ 知识准备

一、认识情绪对沟通的影响

人是有情绪的，而且人的情绪复杂多变。在沟通中，人们有时只是因为一句话不恰当，就可能瞬间引发不良情绪，改变沟通方向。人们通常在需求无法满足、安全感缺失、不被信任、不被尊重、利益受损等情况下，会产生不良情绪。因此，为了减少不良情绪对沟通效果的影响，需要不断保持觉察，关注沟通氛围，聚焦目标。

1-4　如何减少情绪影响

二、减少争辩

争辩通常容易引发不良情绪，人类似乎天生喜欢争强好胜，且经常会认为自己是对的，而别人是错的，或者拼命证明自己是对的，企图战胜对方，甚至惩罚对方。当争辩导致争吵，难免引发愤怒，随着愤怒情绪的增长，人体内的肾上腺素会大量分泌，这种肾上腺素又被称为"痛苦荷尔蒙"。肾上腺素分泌得越多，人感受到的痛苦就越多，而人在感受到痛苦时会本能地反抗或逃避，要么产生对抗，要么沉默不语，自然无法进行正常交流。如果痛苦感受非常严重，人与人还有可能会发生肢体冲突。在这种情况下，因受到不良情绪的影响，彼此会离沟通目标越来越远。

三、做好沟通中的情绪管理

沟通需要高情商，高情商意味着能够合理管理情绪，需要我们在沟通中更多地去表达尊重、表达信任，关注对方的安全感，不要好奇对方不想让你知道的事情，不要用语言揭开对方的伤口，要更多地照顾到对方的需求，并满足他的需求，去感受对方的感受，换位思考，建立同理心，共同打造并维护良好的沟通氛围，直至抵达沟通目标。

要点小结

沟通中如何减少情绪影响：
- 认识情绪对沟通的影响
- 减少争辩
- 做好沟通中的情绪管理

任务实训

实训：案例分享

实训目的：

通过案例分享，明确情绪对沟通的影响，提升在沟通中控制和调节情绪的能力。

实训内容：

猩猩照镜子实验

心理学家和动物学家做过一个有趣的实验。

在墙壁上镶嵌很多镜子的两个房间里，分别放两只猩猩。一只猩猩性情温顺，它刚进入房间，就高兴地看到里面有很多"同伴"，对自己抱有友善的态度，于是非常开心地跟这个新"群体"打成一片，关系非常和睦。三天后，当实验人员把它从房间里牵出来的时候，它还恋恋不舍。

另外一只猩猩性格狂暴，从它进入房间的那一刻起，就被镜子里面"同类"凶恶的态度激怒了，于是每天与新"群体"展开无休止的追逐打斗。三天后，这只猩猩被实验人员拖出房间的时候，因为气急败坏，心力交瘁而倒地不起。

实训步骤：

1.通过心理学实验，请思考不同情绪状态对沟通的影响有哪些。

2.写下你所获得的案例启示，上传至群共享。

任务三 如何把握沟通内容

任务解析

什么是沟通？不同学者从不同的角度有不一样的解释，可谓是众说纷纭，莫衷一是。综合学者观点，编者认为：沟通是为了一个设定的目标，把信息、思想和情感在个人与组织之间传递，并获得理解的过程。在这个概念中信息、思想和情感就是沟通要传递的重要内容，那么应如何正确把握这些内容？

知识准备

一、内容信息表述力求完整清楚

工作中的信息主要是与工作目标相关的工作任务、内容、数据等，职场中要求完整准确地表述信息、传递信息。一个完整的信息表述，通常涉及的要素点包括事件的时间、地点、人物、原因、过程、结果等。把这些要素点描述清晰，有利于沟通对象接收到完整准确的信息，通常可以提高沟通的有效性。

1-5 如何把握沟通内容

二、关注并把控情感对沟通的影响

情感是人内心世界的表达，人们会通过言语反映情感、感知情感。沟通过程不是单一的信息传递过程，往往伴随着情感、态度等信息一同传递。情感对人的影响是巨大的，某种程度上会左右沟通的进程及效果达成，因此，在整个沟通过程中，必须时刻关注情感并把控情感的影响。

三、沟通内容传递信念和价值观

沟通常常会出现意见不一，甚至观点对峙的情况，这些差异的背后，可能是不一样的思想、不同信念和价值观使然。因此，在沟通中，我们一方面要谨慎表达自身意见、观点，另一方面还要专心听取对方的意见、观点及思想差异。甚至许多时候要试着去适应对方的思维架构，体会他人的看法，感受对方的感受。如果能设身处地替他人着想是很有益的，能和他人一起思考、一同感受，一定会有意外的更大的收获，这样也可以避免陷入"和自己说话"的陷阱。

要点小结

如何把握沟通内容：
- 内容信息表述力求完整清楚
- 关注并把控情感对沟通的影响
- 沟通内容传递信念和价值观

任务实训

实训：游戏活动

实训目的：

通过撕纸游戏，进一步感知沟通，明确沟通信息传递的完整性和准确性对沟通效果的影响。

实训步骤：

1.给每位同学发一张A4纸，老师发出以下单项指令：

——请大家闭上眼睛，全过程不许提问，不许说话。

——现在把你手中的纸对折。

——把你手中的纸再次对折。

——再次对折。

——把右上角撕下来，转180度，把左上角也撕下来。

——睁开眼睛，把纸打开，互相观察一下最后的结果。

2.教师再次给每一位同学发一张A4纸。重复上述指令，并宣布在这次撕纸过程中同学们对信息不清楚的可以提出任何问题。

3.思考并作答:

（1）完成第一次折纸后，为什么大家会有不同的结果?

（2）完成第二次折纸后，为什么大家还会有不同?

（3）请写下你从游戏活动中所获得的启示，上传至群共享。

任务四 如何衡量沟通结果

▶ 任务解析

我们是这样定义沟通的：沟通是为设定的目标，把信息、思想和情感在个体与组织之间传递，并且获得理解的过程。在这里"获得理解"被认为是沟通的终结。

▶ 知识准备

一、对沟通结果的误解

沟通常常被错误地理解为必须是双方达成协议，而不是准确地理解信息的意义。达成一致固然是理想的沟通结果，但并不是由沟通良好与否这个单因素决定的，还涉及双方根本利益是否一致、价值观念是否类似等其他关键因素。

1-6 如何衡量沟通结果

二、"获得理解"关键是让对方明白

根据沟通的含义，我们用"获得理解"来衡量沟通的结果，究竟什么叫"获得

理解"呢？在这里"获得理解"的关键是沟通之后让对方明白，明白你为什么说、明白你说了什么，值得注意的是，这里的"明白"不等于同意。衡量沟通的结果，就是看对方是否明白了，如果对方明白了，就可以认定作了有效沟通。其实，即使是想通过沟通让对方明白，也不是一件简单的事情，依然需要考虑对方的知识、经验、性别、年龄、职业等诸多因素，否则难以达到让对方明白的效果。

要点小结

如何衡量沟通结果：

- 对沟通结果的误解
- "获得理解"关键是让对方明白

任务实训

实训：联系实际

实训目的：

通过联系实际，结合亲身经历，正确理解沟通结果，并学习如何获得理想的沟通结果。

实训步骤：

1.两人一组，互相分享，回忆自己在生活或者学习中所遇到的，由于对方没有明白你的表述导致沟通失败的例子。

2.请写下你所获得的启示，上传至群共享。

实训拓展：

请把你收集的与本任务相关的案例、情景、活动等，打开活页扣，加装进来。

模块一知识考核

1.（选择题）沟通中情绪的把握至关重要，否则很可能因不良情绪而导致沟通目标丢失。引发不良情绪的原因有很多，以下容易产生不良情绪的情况有（　　）。

A.不被信任

B.感觉不安全

C.需求没有满足

D.受到尊重

2.（选择题）沟通中用正面词语表达往往能收到较好的沟通效果，以下表述中，属于正面表达的是（　　）。

A.我不想被人看不起

B.我不想紧张

C.我喜欢和大家在一起

D.我不想没有朋友

3.（判断题）通常我们界定沟通是否有效，关键就是看沟通是否让对方获得了理解，因此获得"理解"被认为是沟通的终结，这里的"理解"主要就是要说服对方或者最终达成共识。　　　　　　　　　　　　　　　　　　　　　（　　）

模块一综合实训：情景模拟

实训目的：

通过情景模拟综合实训，置身沟通情景，体验沟通角色，注意沟通氛围，控制沟通情绪，把握沟通目标，提升沟通素养。

实训内容：

品管部的程先生工作热情和工作效率一直都很高，每次都能圆满地完成工作任务，领导对其非常放心，并给予了很高的评价。上个月领导给他分配了一项新的工作，认为他完全有能力胜任这项工作。但是，程先生的表现却令人失望，上班时经常打私人电话，还犯了一些低级错误，有时心神不宁甚至影响了工作。

领导请程先生10分钟后到其办公室去谈谈。

实训步骤：

1.3人一组，以组为单位进行模拟演练。

2.认真阅读背景资料，做好角色分配和准备，之后全情投入角色并进行模拟。

3.由2名同学分别扮演领导和程先生，进行10分钟的模拟沟通，然后互换角色。

4.另一名同学作为观察者，着重观察双方的沟通过程，并对此作出评价。

5.抽取 1 ~ 2 组同学在全班面前分享展示，教师进行点评。

模块一总结区

姓名：_____   日期：_____年____月____日

提炼本模块学到的知识点和技能点（可以采用思维导图形式，下同）

分享你在本模块学习中的实践与感受

秀一下你在本模块的发现和建议（可上传至群共享）

模块二　沟通障碍与策略

学习目标

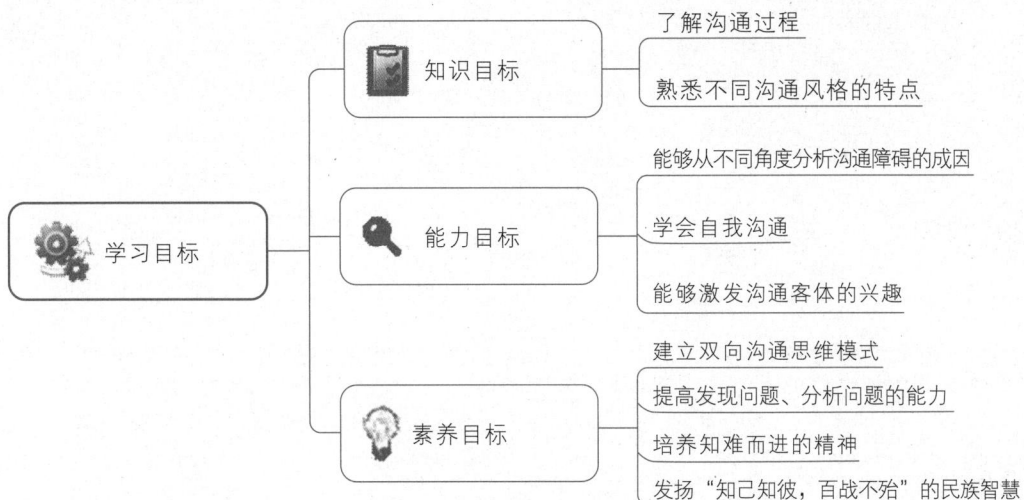

- 学习目标
  - 知识目标
    - 了解沟通过程
    - 熟悉不同沟通风格的特点
  - 能力目标
    - 能够从不同角度分析沟通障碍的成因
    - 学会自我沟通
    - 能够激发沟通客体的兴趣
  - 素养目标
    - 建立双向沟通思维模式
    - 提高发现问题、分析问题的能力
    - 培养知难而进的精神
    - 发扬"知己知彼，百战不殆"的民族智慧

【关键词】 编码　解码　沟通障碍　沟通主体策略　沟通客体策略

【学习重点】 如何定位自我沟通风格，做好自我沟通
识别信息发送者和接收者障碍因素

【学习难点】 理解编码与解码
如何准确找到沟通障碍
如何激发沟通客体的兴趣

项目一　沟通障碍剖析

任务一　了解编码与解码

▶ 任务解析

　　沟通过程是大脑思维和理解的过程，无法监测且难以控制，常被视为"黑箱"过程。这一过程中涉及的要素可以从沟通过程模型图（如图2-1所示）反映出来，这些要素主要包括信息发送者、接收者、编码、解码、通道、反馈、背景以及噪声等。其中解码与编码常常无法完全对应，这也是沟通障碍形成的重要原因。

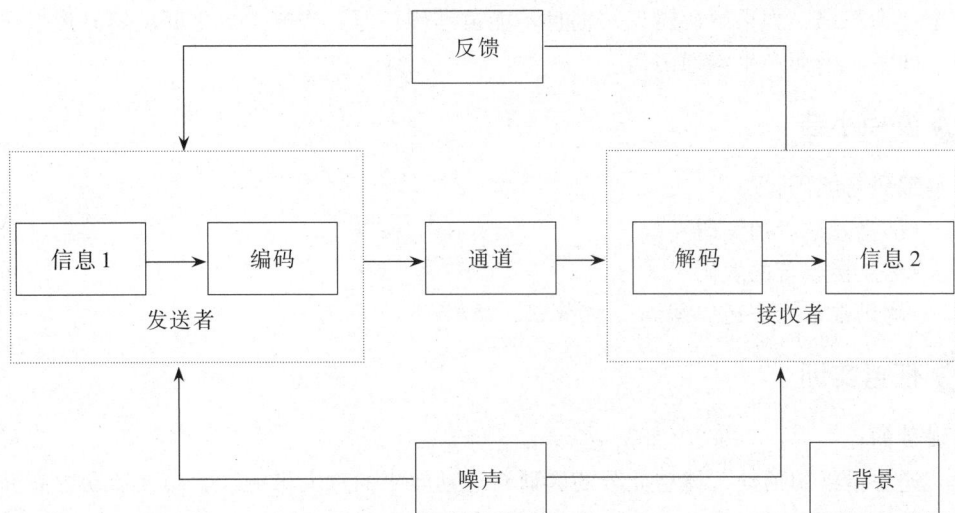

图 2-1　沟通过程模型图

▶ 知识准备

一、信息发送者的编码

　　编码就是信息发送者将要传递的信息，转换成可以传输的信号，让对方能接收到，这些信号可能是语言、文字、数字、图画、声音或

2-1　了解沟通中的编码与解码

身体语言。这样，对方就会听到语言、声音，看到文字、数字、图画或者表情、姿态等。然而，由于知识结构、语言表达能力、思想观念的差异，不同的人编码的能力会有一定的差异。通常情况下，评价发送者的编码能力有一些标准，比如信息"准不准"、认知"对不对"、逻辑"通不通"、修辞"美不美"、情感"真不真"、表达"清不清"等。通俗地讲，就是看发送者能不能把自己要表达的内容信息和情感准确地表达出来，简单明了，让对方听明白，这需要发送者首先在头脑中很好地完成编码。

二、信息接收者的解码

解码就是信息接收者将发送者的编码信号翻译并还原的过程。在解码的过程中，接收者需要借助头脑中原有的背景知识、经验和文化，通过解码获得一个属于自己的理解。

三、解码常常无法还原编码

由于发送者与接收者的背景知识、经验、信念等很难一致，所以解码常常难以完全还原编码。如果解码错误，信息不能被准确还原，沟通双方之间就容易形成误解、曲解，进而产生沟通障碍。

❯ 要点小结

了解编码与解码：
- 信息发送者的编码
- 信息接收者的解码
- 解码常常无法还原编码

❯ 任务实训

实训目的：

通过搭纸牌活动，体会充分的沟通对活动效果的重大影响，学会在活动中充分沟通并协作；通过案例分享，体会如何才能使解码尽可能还原编码，进一步明确沟通障碍形成的原因。

实训1：游戏活动

实训步骤：

1.活动要求及准备：

（1）活动按小组进行比赛，每组5~6人。

（2）活动比赛时间：15分钟。

（3）活动使用工具：新纸牌。

（4）要求活动之前，每个小组充分沟通游戏活动思路，再开始操作。

（5）按照纸牌稳定的高度决定胜出者。

2.思考并作答：

（1）活动中出现问题的原因是什么？

（2）有没有更好的游戏活动思路？如果再进行一次，计划怎么做？

（3）请写下你从游戏活动中所获得的启示，上传至群共享。

实训2：案例分享

实训内容：

秀才买柴

一秀才买柴，曰："荷薪者过来。"卖柴者因"过来"二字明白，担着柴来到秀才面前。问曰："其价几何？"因"价"字明白，说了价钱。秀才曰："外实而内虚，烟多而焰少，请损之。"卖柴者不知说甚，荷柴而去。

实训步骤：

1.请思考此案例中双方未成交的原因。

2.请写下你所获得的案例启示，上传至群共享。

任务二　信息发送者的障碍

▶ 任务解析

沟通过程是信息发送者和接收者之间互动的过程，在沟通过程模型图中包含了导致沟通障碍的多种因素，既有发送者障碍，也有接收者障碍。从信息发送者的角度来看，引发沟通障碍的主要原因有哪些呢？

▶ 知识准备

一、沟通目的不明确

经常有这样的现象，有些人在与别人沟通时，其实他自己都不知道究竟要说什么，别人听半天也不明白他的沟通目的。因此，发送者在沟通之前，首先要知道通过沟通要达到什么样的目的，如果目的不明确，内容就很难确定。

2-2　了解
信息发送者
的障碍

二、信息来源问题

"狼来了"的故事，旨在告诉人们如果传递虚假信息，特别是多次传递虚假信息，将会大大降低自身在别人心目中的可信度，丧失自己的信誉，非常不利于长久的沟通，不利于关系的建立。因此，对信息发送者来说，要保证所传递信息的真实性、准确性、可靠性等。

三、知识、经验的局限性

信息发送者对信息的编码总是在自己的知识和经验范围之内。由于每个人知识和经验存在局限性，发送者能掌握的信息往往是有限的，这就会给沟通造成障碍。

四、信息发送者的沟通技能障碍

个体的沟通能力会极大地影响沟通效果。比如，如果信息发送者的表达能力不佳，讲话词不达意，逻辑混乱，就很难让对方明白，很难实现沟通目标；又如，因为口齿不清、使用方言而导致对方听不懂或者产生误解，也会造成沟通障碍。

❯ 要点小结

信息发送者的障碍：
- 沟通目的不明确
- 信息来源问题
- 知识经验的局限性
- 信息发送者的沟通技能障碍

❯ 任务实训

实训目的：

体会信息发送者在发送信息过程中的障碍对沟通效果的影响，进一步明确提升沟通技能的重要性。

实训1：案例分享

实训内容：

究竟想汇报什么?

突然，一阵急促的敲门声后，小张推开领导办公室的门，说道："领导，最近我看到很多大宗商品涨价，钢材价格又涨了；还有，我来之前刚接到物流公司电话说物流费用也涨了，我试图说服他们执行原来的价格，但是他们没有同意；另外，我还注意到，我们的同类产品竞争者最近涨价不少，我看到……对了，广告费用最近的花费也比较大，如果……可能……"一番汇报之后，领导疑惑地问道："小张，你究竟想说明什么? 需要我解决什么问题? 或者需要我提供什么样的帮助?"

资料来源：作者根据有关资料整理而成。

实训步骤：

1.请思考小张的汇报存在什么样的问题，应当如何改善。如果你是小张，你会如何向领导汇报？

2.请分组演练小张向领导汇报工作，做到有条不紊，主次分明。

3.请写下此次汇报实训的感受和收获，上传至群共享。

实训 2：案例分享

实训内容：

这样的邀请如何是好？

经理：你今天有没有时间？

总监：今天什么时候？

经理：随便都行。

总监：什么事？

经理：你没有时间就算了。

总监：你告诉我什么事？

经理：讨论一个关于客户的事，你去不去？

总监：你需要我去参加吗？

经理：我也说不清，不知道。

总监：你的解决方案有吗？

经理：我要和你讨论才知道。

总监：讨论什么？

经理：是这样的……

总监：你要我去的目的是什么？

经理：如果你在会好一点。

总监：你把需要我去参加的目的想清楚再说吧！

经理：好的。

实训步骤：

1.请思考：项目经理在邀请项目总监参加他的讨论时可以如何改进自己的表述。

2.如果你是项目经理，如何邀请项目总监参加你的讨论？

3.请写下你所获得的案例启示，上传至群共享。

任务三 信息接收者的障碍

任务解析

沟通过程中，信息接收者和发送者之间的互动至关重要，沟通过程模型图呈现了导致沟通障碍的各种因素，既有发送者障碍，也有接收者障碍。从信息接收者的角度来看，引发沟通障碍的主要原因有哪些呢？

知识准备

一、知觉的选择性障碍

信息接收过程是人的知觉过程。知觉是一种心理现象，人的知觉有很多特性，如整体性、恒常性、选择性等，人们在接收信息的过程中通常会受到知觉特性的影响。比如，人们往往会根据自身的需求、动机、态度、经验、兴趣、地位、背景等取舍信息，这说明接收信息会受到知觉选择性的影响。

人们总是会对自己比较关心的、感兴趣的、有现实需求的信息关注更多，从而忽略其他一些信息。选择什么就收获什么，这样就会在无形中产生沟通障碍。

2-3 了解
信息接收者
的障碍

二、接收者的理解能力障碍

不同的人理解能力、理解角度是有差异的。这与一个人的文化背景、社会环境、生活背景和思想愿望等都有关系，甚至信息接收者在不同的情绪状态下、不同的场合，也有可能对同一信息有不同的理解、解释，并因此采取不同的行动，这种情况也会导致沟通障碍。

三、信息过量

对于接收者来说，如果在沟通中信息过量也会对其造成沟通障碍。比如：如果一堂课老师给出的信息量过大，那么学生可能无法完全接收到或者无法完全理解和吸收，并因此感到有一定的压力，影响听课效果。在组织中，很多管理者抱怨自己被淹没在文山会海中，信息过量使自己变得麻木，不能及时作出反应，进而影响到沟通效果。

四、错误猜测

人们的思想往往存在某种偏见或者容易受到先入为主的影响。在沟通中，当人们听到他人的话，通常会按照先入为主的想法来理解，这样就容易引发错误猜测，从而导致沟通障碍。

▶ 要点小结

信息接收者的障碍：
- 知觉的选择性障碍
- 接收者的理解能力障碍
- 信息过量
- 错误猜测

▶ 任务实训

实训：案例分享

实训目的：

通过案例分享，感受信息接收者对沟通造成的障碍，引以为戒，防微杜渐。

实训内容:

扁鹊见蔡桓公

扁鹊见蔡桓公,立有间,扁鹊曰:"君有疾在腠理,不治将恐深。"桓侯曰:"寡人无疾。"扁鹊出,桓侯曰:"医之好治不病以为功!"

居十日,扁鹊复见,曰:"君之病在肌肤,不治将益深。"桓侯不应。扁鹊出,桓侯又不悦。

居十日,扁鹊复见,曰:"君之病在肠胃,不治将益深。"桓侯又不应。扁鹊出,桓侯又不悦。

居十日,扁鹊望桓侯而还走。桓侯故使人问之,扁鹊曰:"疾在腠理,汤熨之所及也;在肌肤,针石之所及也;在肠胃,火齐之所及也;在骨髓,司命之所属,无奈何也。今在骨髓,臣是以无请也。"

居五日,桓侯体痛,使人索扁鹊,已逃秦矣。桓侯遂死。

实训步骤:

1.请思考:从沟通的角度来看,案例中的桓侯作为信息接收者,内在的沟通障碍是什么。

2.请写下你所获得的案例启示,上传至群共享。

任务四   沟通中的噪声障碍

▶ 任务解析

沟通发生在一定的环境中，从沟通过程模型图中可以看到，沟通易受到噪声的干扰，这里的噪声包括哪些影响因素呢？

▶ 知识准备

一、噪声的特殊内涵

这里的噪声是指在沟通中对信息的传递和理解产生干扰的一切因素。

二、认识噪声的类型

根据来源，噪声可以分成三种形式：外部噪声、内部噪声和语义噪声。

外部噪声：主要来源于环境。比如，机器的轰鸣声、小商贩的喊叫声、装修施工的声音，再如，刺眼的光线，不合适的温度、湿度等，甚至是组织中不太和谐的氛围，过于僵化的组织层级关系等，都属于外部噪声。

2-4 了解沟通中的干扰因素

内部噪声：主要产生于沟通者自身。比如，注意力不集中、某些先入为主的观念和偏见等。

语义噪声：是由人们对词语在情感上产生拒绝反应引起的。比如，一般情况下，人们听到带有亵渎性质的语言会反感，因为人们觉得这些语言是对自己的冒犯。另外，在口语翻译过程中，对语境的识别能力的差异、预测能力的差异等，都会干扰到翻译人员的翻译结果等，进而产生语义噪声。

▶ 要点小结

沟通中的噪声障碍：
- 噪声的特殊内涵
- 认识噪声的类型

▶ 任务实训

实训：联系实际

实训目的：

通过联系实际，认识噪声对沟通的干扰，学会控制噪声，降低不良影响。

实训步骤：

1.两人一组，依据噪声的不同类型，分类举例，说明噪声对沟通的影响。

2.请写下你在分享中所获得的启示，上传至群共享。

实训拓展：

请把你收集的与本任务相关的案例、情景、活动等，打开活页扣，加装进来。

项目二 沟通主体策略

任务一 认识不同沟通风格

🔵 任务解析

沟通策略分为主体策略和客体策略，好的沟通需要知己知彼，并灵活地调整自己的沟通方式，从而取得理想的沟通效果。从沟通主体的角度来看，首先要认识不同的沟通风格。不同的人有不一样的沟通风格和特点，那么沟通的风格有哪些呢？

🔵 知识准备

一、内倾和外倾

依据心理学家荣格的理论，人的性格主要有两种："内倾"和"外倾"，与此同时，人们在建立相互关系时总会有所偏爱。外倾的人喜欢社交，喜欢多样化和刺激性，在沟通中往往比较主动。内倾的人喜欢在沟通之前把事情想清楚，往往比较敏感，通常能够注意并搜集到细节信息，捕捉到微妙的情感变化，并能通过少量信息发现沟通主题。

2-5 了解
自我沟通
风格

二、感觉和直觉

沟通中获取信息的理念，一般有两种方式：感觉和直觉。使用感觉方法的沟通者非常在意事实，喜欢具体而清晰的任务，偏爱制度和方法，对常规细节比较耐心，喜欢使用工作日程表。使用直觉方法的人往往具有丰富的想象力，具有创造性的眼光和洞察力，通常集中注意力于整体而非具体的问题，与他们进行交流时，选择开放式的沟通方式效果会更好。

三、理性和感性

习惯理性思维的人和习惯感性思维的人在沟通方式上有很大的不同。习惯理性思维的人善于对问题进行分析、比较、概括、总结，喜欢逻辑和推理，重视证据。

而且，过于重视理性的人，可能会忽略他人的利益和情绪。习惯感性思维的人，通常比较友善，心思细腻、善解人意，有很好的团队合作能力。面对过于感性的沟通对象，要学会换位思考，从对方的角度出发，运用情感建立共鸣，因势利导进行说服。

四、判断和知觉

习惯判断偏爱的人，通常把重点放在解决问题上，非常有条理，尊重解决问题的逻辑，不喜欢在采取行动前花费太多的时间。习惯知觉偏爱的人，通常心灵开放，喜欢研究和发现，注意力往往集中在调查上，把重点放在获取尽可能多的资料上。

▶ 要点小结

认识不同沟通风格：
- 内倾和外倾
- 感觉和直觉
- 理性和感性
- 判断和知觉

▶ 任务实训

实训：联系实际

实训目的：

通过联系实际，了解自身的沟通风格，并学会判断沟通对象的沟通风格，提高沟通的有效性。

实训步骤：

1. 依据上述沟通风格，进行自我对照。
2. 两人一组，分享彼此的沟通风格及其特点。
3. 联系实际，说明与不同沟通风格的人如何沟通效果会更好。
4. 请写下你在分享中所获得的启示，上传至群共享。

任务二　如何提高自我的沟通可信度

任务解析

沟通者的可信度是影响沟通的重要内容。如果没有可信度，沟通很难发生或难以进行下去。如何提高自我的沟通可信度呢？

知识准备

一、认识可信度

一个人的可信度包括初始可信度和后天可信度。初始可信度是指在沟通发生之前受众对沟通者的看法。后天可信度是指沟通过后，受众对沟通者形成的看法。有些人初始可信度不高，但后天可信度比较高，有些人则恰恰相反。好的沟通需要沟通前后都有较高的可信度，在整个沟通过程表现都很出色。

2-6　如何提高沟通可信度

二、提高身份、地位

人们通常会相信具有一定身份和地位的人，如企业家、领导、政府高官等，同时也要防止有些人为了提高自己的可信度，故意提高自己的头衔。

三、积累专业知识和能力提高可信度

具有一定专业知识和能力的人，在某一领域有较高研究水平的人，特别是被同行业认可的精英，很容易获得人们的信任。比如：科学家、行业的领军人物、企业的业务技术行家或者专家级教授等，他们的专业知识和能力常常使他们具有较高的可信度。

四、建立共同价值

人们通常愿意去相信与自身有共同价值的人。共同价值可能表现为生理或心理上的特征，也可以是一种兴趣或价值观念，或者可能是共同拥有的某种特性等。物理学上有一个比喻叫"音叉效应"，就是当两个等频的音叉放在一起时，拨动其中的一个，旁边未被拨动的音叉也会发出声音，形成共振效果。人类也有相似的心理共振频率，希望被认同，如果能获得认同往往会被信任，如果被信任往往会有好的沟通。

五、内外皆修提升自我

一个内外皆修的人是可信的。如果一个人拥有与环境协调的外在修饰，同时在沟通中拥有独特的气质、情感和沟通方式，自然会获得更多的信任。

▶ 要点小结

如何提高沟通可信度：
- 认识可信度
- 提高身份、地位
- 积累专业知识和能力提高可信度
- 建立共同价值
- 内外兼修提升自我

▶ 任务实训

实训：联系实际

实训目的：

通过联系实际，明确提高沟通可信度的意义和价值，并学习如何提高自我的沟通可信度。

实训步骤：

　　1.举例说出你认为可信度高的人，并说明他们具有什么特征。

　　2.你认为提高自我的沟通可信度需要做一些什么准备。

　　3.请写下你所获得的启示，并进行分享，上传至群共享。

任务三　如何做好自我沟通

◉ 任务解析

　　人们常说"要说服他人，首先要说服自己"，这正是对自我沟通重要性和必要性的概括。如何做好自我沟通呢？

◉ 知识准备

一、认识自我沟通

　　所谓自我沟通就是准确认知、把握自己内心，并修正自己的感受、想法、情绪乃至行为，从而达到提升自我、实现有效沟通的过程。

二、拥有准确的自我认知定位

2-7　如何做好自我沟通

　　学会认识自我、观察自我，拥有良好的自我体验、自我感知和评价，尤其是在沟通前能认清自己的内在资源、能力以及局限，在沟通中能摆正自己与对方的关系，自觉地将自己的内部动机与外部环境相统一，有效发挥自己的优势和能力，从而使对方接受自己的观点，实现沟通的目标。

三、保持自我情绪觉察

可以经常问自己：我在什么样的情绪状态？假如是不良情绪，原因是什么？这种情绪有什么消极后果？应该如何控制？

培养和增强自我情绪觉察力，并能够调整自我的情绪与自己的工作方法、事业目标相一致，是职场人士重要的职业素养。

四、做好自我情绪调控

人们不仅要认识到自己的情绪，还要具备调控情绪的能力。调控情绪的方法因人而异，常见的一些做法和放松的技巧包括：静坐冥想、较长时间的沐浴、体育锻炼、练太极拳、做瑜伽，或者听听喜欢的音乐、练书法等。这些都可以用来调节情绪。再比如：倾诉、唱出来、吼出来或者拿枕头出气等，也可以有效缓解不良情绪。

❯ 要点小结

如何做好自我沟通：
- 认识自我沟通
- 拥有准确的自我认知定位
- 保持自我情绪觉察
- 做好自我情绪调控

❯ 任务实训

实训：案例分享

实训目的：

通过案例分享，学习自我情绪觉察和调控，提高自我沟通能力。

实训内容：

踢猫效应

有一位经理A，计划第二天向全体员工宣布严格的考勤制度，但是第二天，因为前一天加班到深夜睡过头了，一大早急急忙忙开车去公司，刚到车跟前，发现车门上贴着一张违法停车罚单，气不打一处来，结果连闯两个红灯。当他气喘吁吁进到办公室，赶巧遇到销售部主管，然后就问："昨天那批货发出去了吗？"销售部主管回答："还没有，现在就发。"于是他大声训斥了销售部主管。销售部主管满肚子不高兴回到自己办公室，这时文印秘书进来了，销售主管问："昨天那份文件打印出来了吗？"秘书回答："哦，还没来得及，我现在就去打。"于是销售部主管严厉责备了秘书。秘书忍气吞声好不容易等到下班。回到家，她发现孩子躺在沙发上看电视，大声责备道："作业完成了吗？"孩子回答："还有一点没写完。""没写完还看电视啊，马上关掉。"孩子郁闷，正看到兴头上不让看了，来到自己房间，狠狠地踢了一脚趴在地上的猫。猫逃到街上，正好一辆卡车开过来，司机紧急避让，却把路边的孩子撞伤了。这就是所谓的"踢猫效应"。

实训步骤：

1.请思考案例中为什么会出现"踢猫效应"。

2.如果你是案例中的经理A，你会怎么做？

3.请写下你所获得的案例启示，上传至群共享。

实训拓展：

请把你收集的与本任务相关的案例、情景、活动等，打开活页扣，加装进来。

项目三 沟通客体策略

任务一 了解沟通客体

任务解析

沟通策略分为沟通主体策略和沟通客体策略。沟通客体策略就是要建立以客体为导向的沟通，沟通之前需了解沟通对象，分析他们的特点，了解他们的动机，发掘他们的需求，从而知道如何组织信息、传递信息，实现建设性的沟通。知己知彼，百战不殆，认识沟通客体必不可少。

知识准备

一、了解沟通客体类型

人们有不同的沟通风格类型，针对不同类型要施以不同策略。比如：如果对方是感觉型的，温和、开朗，善交际，对待事物更多的是基于个人价值观和判断能力，那么与这一类型的人沟通就需要明确表达自己的价值观，在沟通信息的组织上，突出对他们的支持。如果对方是直觉型的，具有丰富的想象力，凭直觉、预感和可能性做事，那么在沟通

2-8 如何了解沟通客体

中，不要轻易给他们问题的答案，不要轻易否定或批驳他们的观点。要告诉他们你的想法、观察和最终目的，让他们的创造性帮助你达到目的。

二、确定沟通客体需求

不仅要知道沟通客体是哪一类型的人，还要进一步了解他们的需求。特别是职场沟通，比如，与客户沟通需要更多地去了解客户有哪方面的需求，希望我们做什么，怎么做，他们对不同产品或内容的需求有什么不同，等等。沟通要打有准备之仗，才可能成功。

> **要点小结**

了解沟通客体：

- •了解沟通客体类型
- •确定沟通客体需求

> **任务实训**

实训：案例分享

实训目的：

认识沟通中建立客体意识的重要性，并学会分析客体需求，实现沟通目标。

实训内容：

A 公司与 B 公司之争

M 公司是一家具有成长性的集团公司。最近，M 公司准备投资建材行业，建一座水泥厂，A 公司和 B 公司得知此消息后，都找到 M 公司表示愿意承揽该项目。

A 公司：我们公司有雄厚的技术实力，并且做过几个类似的项目，积累了丰富的经验。因此，我们公司有能力提供一条龙服务，可以派专家负责选择厂址、设计工厂、招聘建筑工程队、调集材料和设备，最后交给贵公司一个建好的水泥厂。

M 公司回应：这太好了，我公司是一个集团公司，在建筑行业是个新手。

B 公司：我们公司也可以提供一条龙服务。贵公司刚刚进入建筑行业，而要想在这个竞争激烈的行业占有一席之地并不容易。经过我们公司沟通，市里正准备建设的××花园的投资商，已经考虑在该花园的二期工程中，使用贵公司新建水泥厂生产的水泥。通过市场调查我们发现，水泥在×国有很大的需求，我们可以联系一家外贸公司为贵公司出口水泥搭桥引路。

M 公司回应：太感谢了，水泥销售前途光明，希望日后能够长期广泛合作……

资料来源：作者根据有关资料整理而成。

实训步骤：

1.请思考案例中 A 公司和 B 公司的沟通策略有什么区别。

2.选择一组或两组同学，在课堂分享从该案例所获得的感受和启示。

3.请写下你所获得的案例启示，上传至群共享。

任务二　如何激发沟通客体的兴趣

任务解析

　　一个完整的沟通，主体和客体就像横跨两岸的桥梁两端坚实的桥基，是信息传输的始端和终端，信息在此之间的高效流通就像在做往返运动，需要主客体的互动反馈。在沟通主体基本稳定的前提下，要保证沟通畅通无阻，就需要沟通客体是打开的、有交流愿望的、愿意接受并善于理解他人的，同时具有反馈意向和能力，如何激发沟通客体的兴趣呢？

知识准备

一、利益激发

　　通过利益激发，就是明确客体的利益期望，创造客体受益点。这里的利益点可能是产品、服务或者信息，也可能是根据你的建议执行相关活动后所得到的好处和收获。比如：如果沟通客体是客户，可对他们提供价值好处，如利润、奖金、打折优惠等。在管理活动中，如果一些员工对提高自我价值、成就感、满足感反应强烈，那就在沟通中多表达称赞、认可等。

2-9　如何激发沟通客体的兴趣

二、可信度激发

关于可信度的影响因素，前面已经分析过。比如：可以建立与沟通客体一致的"共同价值观"，创造共同点，来激发沟通客体的兴趣。尤其是初次见面，如果能找到共同点，第一印象很好，在以后比较容易达到良好的沟通效果。

三、了解需求、因人而异激发沟通兴趣

马斯洛需求层次理论，把人的需求分成了5个层次（如图2-2所示），按照金字塔由低到高的顺序，分别是生理需求、安全需求、归属和爱的需求、尊重的需求、自我实现的需求。其中既有基本的物质需求，也有高层次的精神需求。每个人在不同时期的主导需求是有差异的，在沟通中应尽可能满足沟通客体的需求，因人而异，激发其沟通兴趣。

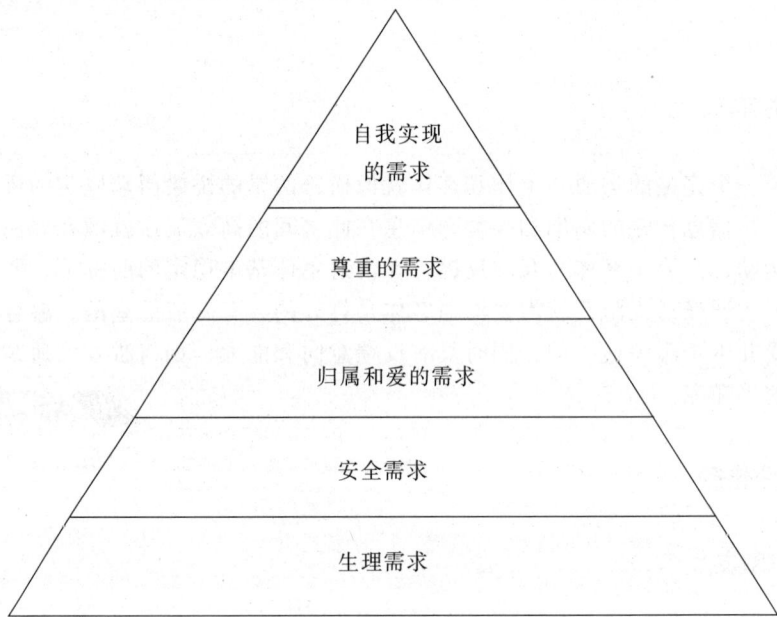

图 2-2   马斯洛需求层次理论

▶ 要点小结

如何激发沟通客体的兴趣：

- 利益激发
- 可信度激发
- 了解需求、因人而异激发沟通兴趣

任务实训

实训：联系实际

实训目的：

通过联系实际，结合实例，学会从不同角度激发沟通对象的沟通兴趣，从而实现沟通目标。

实训步骤：

1.将学生分组，举例说明如何激发沟通对象的沟通兴趣。

2.请写下你所获得的分享启示，上传至群共享。

模块二知识考核

1.（选择题）沟通就是信息从发送者到接收者传递的过程，这里发送者对信息进行编码，接收者对信息进行解码。在这一过程中，以下说法中错误的有（　　）。

A.解码可以完全还原编码

B.解码很难对应编码

C.解码的过程会受到接收者知识和经验的影响

D.解码错误就会发生误解

2.（选择题）沟通过程中信息发送者准确传递信息至关重要，但在实际工作中，做到准确传递信息并不是一件容易的事情，因为它会受到很多因素的影响，（　　）都会干扰信息发送者的信息传递。

A.信息来源

B.沟通目的不明确

C.信息发送者的沟通技能障碍

D.信息发送者知识和经验的局限性

3.（判断题）沟通双方产生误解或者曲解往往是由解码错误导致的。　　（　　）

4.（判断题）沟通的过程常常会受到噪声干扰，沟通中的噪声就是指声音的干扰。　　　　　　　　　　　　　　　　　　　　　　　　　　　　　　　（　　）

5.（判断题）沟通者的可信度通常会受到其身份、地位、知识、经验等的影响。　　　　　　　　　　　　　　　　　　　　　　　　　　　　　　　　（　　）

模块二综合实训：找出不当之处

实训目的：

通过对同一件事情不同的处理方式的对照和比较，学会在沟通中遇到困难的时候，采取合适的方式进行沟通。

实训内容：

假如领导安排小李和小赵一起出差去完成一项工作，但是他们两个有矛盾。请问，小李该如何做才能很好地完成这项工作？

下面有三种不同的回应方式：

第一种回应：如果我是小李，和有矛盾的同事一起出差，我认为要有一种宽容的态度。个体的立场和观点肯定会有差异，矛盾是不可避免的。尽量开诚布公，因为隐藏只会加深误会，互相坦诚相见，才会有利于问题的解决。

第二种回应：如果我是小李，首先，我会觉得很难，与有矛盾的同事出差，有可能影响工作。其次，我会向领导提出来，告诉领导我们有矛盾，请求领导换人。最后，如果领导不批准，只好硬着头皮去开展工作，但是会很不开心。

第三种回应：如果我是小李，第一，我会觉得为难，不知道与有矛盾的同事一起出差，对工作有没有影响。但是，我会接受安排，尽量通过一起出差加强沟通，改善关系。第二，我先认真检讨一下自己，仔细考虑和分析一下彼此间产生矛盾的原因，想一想如何在出差中主动沟通并化解矛盾。第三，无论是否是我的错，我都要主动一些，工作上也主动与他沟通，交换意见。第四，如果是我的错，趁着一起出差主动道歉。如果是同事的错，如果有合适的机会就委婉地提出，注意顾及他的感受，相信会化解彼此的矛盾。

实训要求：

1.分小组讨论上述三种不同的回应方式有什么差异。请找出不当之处并说明理由。

2.通过讨论，得出本小组认为合适的回应方式。

3.对本小组认为合适的回应方式，选代表分角色完成模拟实践练习。

4.各小组在班级展示练习成果，小组互评，教师点评。

实训评价：

请根据模拟练习的情况，填写考核评价表（见表 2-1）：

表 2-1 　　　　　　　　　　**模块二综合实训考核评价表**

小组成员	关注目标（20%）	自我检查（30%）	沟通态度（30%）	情绪控制（20%）

模块二总结区

姓名：_____ 　　　　　　　　　　日期：_____年____月____日

提炼本模块学到的知识点和技能点（可以采用思维导图形式，下同）

分享你在本模块学习中的实践与感受

秀一下你在本模块的发现和建议（可上传至群共享）

模块三　倾听技能

学习目标

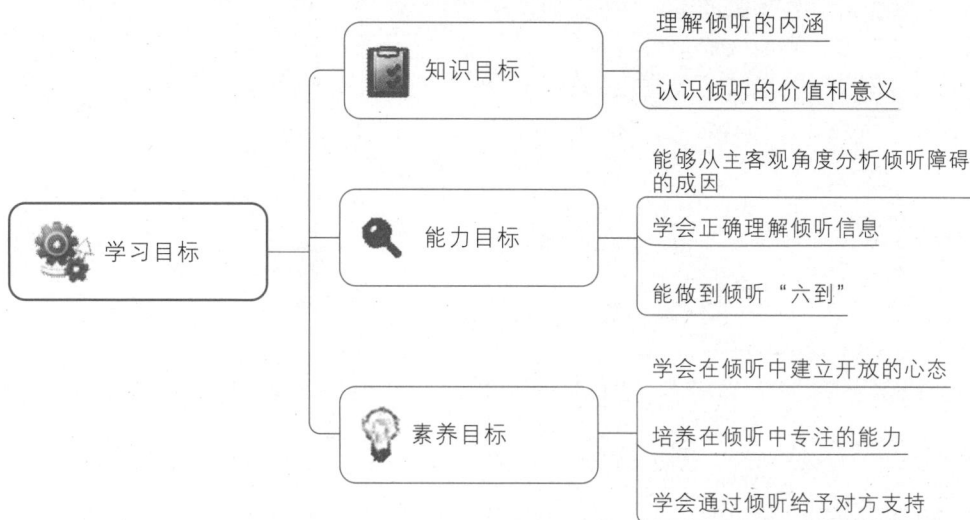

学习目标
- 知识目标
  - 理解倾听的内涵
  - 认识倾听的价值和意义
- 能力目标
  - 能够从主客观角度分析倾听障碍的成因
  - 学会正确理解倾听信息
  - 能做到倾听"六到"
- 素养目标
  - 学会在倾听中建立开放的心态
  - 培养在倾听中专注的能力
  - 学会通过倾听给予对方支持

【关键词】 倾听内涵　倾听技能　倾听习惯　提问　反馈

【学习重点】 掌握倾听的内涵　重点分析倾听的主观障碍

【学习难点】 倾听中的提问与反馈　如何正确理解信息

项目一　解析倾听内涵

任务一　认识倾听的价值

▶ 任务解析

苏格拉底说："自然赋予人两只耳朵一个嘴巴，可能就是让我们多听少说。"善于倾听，是成熟的人最基本的素质，善于倾听的人是有价值的。倾听究竟有什么价值？

▶ 知识准备

一、倾听可获得重要信息

在沟通中，人们可以通过积极倾听获得事实、数据、情感、想法，并以此推断对方的沟通目的以及真实需求，同时，在倾听中还可以通过适时提问澄清不明之处，或是启发对方提供更完整的资料，这些都有利于获取重要信息。

3-1　认识倾听的价值

二、善于倾听能给人留下良好的印象

专注地倾听是人们对沟通对象最好的恭维方式。一般情况下，人们都喜欢发表自己的意见，如果愿意去倾听，对方会觉得你亲切随和，值得信赖。对于刚入职场的新人，最好多听少说，给人留下良好的第一印象。

三、倾听能激发对方的谈话欲望

有一个善于倾听的人，表达者才有更强烈的表达欲望。有人倾听，说者会觉得自己的话有价值，才可能说得更多。

四、爱听才会赢

若沟通是为了说服对方，专注的倾听是说服对方的关键。专注于倾听，可以发现对方的重要信息，了解他的出发点甚至他的弱点，为说服对方找到重要线索。同

时，当你专注地倾听，对方也可以感受到被尊重，当对方感受到他的需要和见解被看见时，会更容易接受和协商。

五、倾听可掩盖自身的弱点和不足

常言道："言多必失。"有时候过多的言语会暴露自己的浅薄和不足，特别是在沟通中，当自己不知道、不清楚或者知道得不够准确时，最好不要随便或急于发表意见或观点，最好多倾听，或者适当保持沉默，沉默可以帮助你在一些问题上持保留态度。不要随意当场表明自己的立场，以免产生不必要的问题和错误，或者因此丢失颜面。

❯ 要点小结

认识倾听的价值：
- 倾听可获得重要信息
- 善于倾听能给人留下良好的印象
- 倾听能激发对方的谈话欲望
- 爱听才会赢
- 倾听可掩盖自身的弱点和不足

❯ 任务实训

实训目的：

通过角色扮演，深度体会不同方式的问与听有什么区别；通过案例分享，进一步领会倾听的价值，同时学会在沟通中去感受别人的态度。

实训1：角色扮演

实训内容：

对话1

售货员：你的车行驶了多少千米？

顾客：每周300~350千米。

售货员：在什么级别的公路上行驶？

顾客：一般是柏油路。

售货员：车速是多少？

顾客：在限速内，持久不变。

售货员：你车上经常坐几个人？

顾客：平时是我自己，周末有父母和孩子。

对话 2

售货员：您刚才说您的车行驶了多少千米？

顾客：我说每周大约300 ~ 350千米。

售货员：在平均的里程内，您一般在什么级别的公路上行驶？

顾客：一般是在柏油路上，周末可能去一些道路条件不太好的地方，但是这种情况不经常发生。

售货员：通常道路条件较好吗？

顾客：是的，实际上我每天都要翻越一座小山。

售货员：如果是这样，您的轮胎会磨损得很快，而且弯道驾驶对您非常重要。

顾客：的确是这样。

售货员：通常您的车速有多快？

顾客：我很遵守交通规则，通常在限速内。

售货员：那样的话，特别好的轮胎并不必要。您车上通常坐几个人？

顾客：平时是我自己，周末有时会和父母及孩子一起郊游。

实训步骤：

1.两人一组，分别扮演"售货员"和"顾客"，置身于买卖情景中，按照以上对话内容模拟练习。

2.体会在两段不同的对话中内心感受有什么差异？

3.请写下你从活动中所获得的启示，上传至群共享。

实训 2：案例分享

实训内容：

没说话怎么被称为是谈话家？

有一次，在一个宴会上，戴尔·卡耐基（Dale Carnegie）坐在一位植物学家旁边，专注地倾听植物学家谈论各种有关植物的趣事，他几乎没说什么话，只是很简单地说几句，比如他告诉植物学家，他希望自己能有像植物学家一样渊博的知识，希望和他一样去田野中漫步。分别后，植物学家却对别人说，戴尔·卡耐基是一个非常有意思的谈话家。

实训步骤：

1.请思考：为什么植物学家说戴尔·卡耐基是一个非常有意思的谈话家。

2.请写下你获得的案例启示，上传至群共享。

任务二　倾听中的"六到"

任务解析

沟通最大的困难不在于如何把自己的意见、观点讲出来，而在于如何听出对方的心声。著名社会学家兰金曾做过这方面的研究，并得出结论：在人们日常的语言交往中，听的时间大概占45%，说的时间大概占30%，读的时间大概占16%，写的时间大概占9%。这说明，听在人们沟通交往中处于非常重要的地位，那如何才能更好地倾听呢？

❯ 知识准备

一、听与倾听之别

听与倾听的区别如图 3-1 所示。

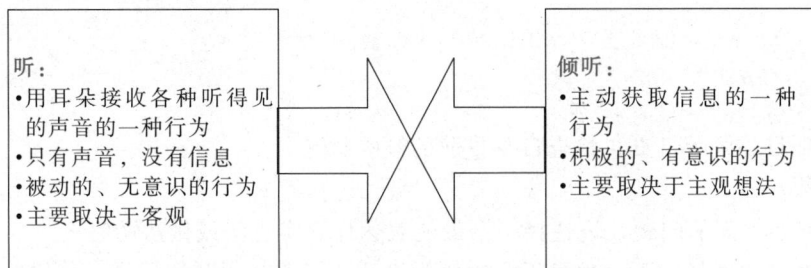

听：
- 用耳朵接收各种听得见的声音的一种行为
- 只有声音，没有信息
- 被动的、无意识的行为
- 主要取决于客观

倾听：
- 主动获取信息的一种行为
- 积极的、有意识的行为
- 主要取决于主观想法

图 3-1　听与倾听的区别

二、倾听"六到"

倾听"六到"：耳到、眼到、口到、脑到、心到、手到。具体而言，在倾听中要做到：

用耳朵听声音；

用眼睛观察对方的非语言信息，包括表情、眼睛、手势、体态和穿着等；

用嘴提问，收集信息或作出反馈，以问题探寻对方的意图，或以问题引导对方说出更多信息；

用大脑思考，分析对方的说话动机、主要内容以及对话的逻辑关系，甚至言语背后的真实含义；

用心灵感受情境以及对方的情感或需求；

用手记笔记，记录说话的内容或重点，帮助分析复杂信息，需要时唤起记忆。

总之，一句话，倾听就是通过"六到"积极主动搜寻信息的行为。

3-2 倾听中的"六到"

❯ 要点小结

倾听"六到"：
- 听与倾听之别
- 倾听"六到"

▶ 任务实训

实训目的：

通过自我对照自查，了解自身目前的倾听状况，以便更好地进行倾听的学习和实践；通过案例分享，进一步领会听与倾听的差异，为学习倾听做好准备。

实训 1：自我对照

实训内容：

本项目是倾听自查，检查自身目前的倾听状况。

实训步骤：

1.回答下面的问题，请选择一个最能表达你真实想法或做法的答案。

（1）努力回忆一下，你最近一次倾听讲话或情况介绍时的情景，与你的情况最符合的是（　　）。

A.我拒绝浪费时间去倾听一次令人乏味的演讲

B.我很善于倾听，我觉得即使是乏味的人也能讲一些东西

C.除非我觉得演讲实在不错，否则我将一边假装在听，一边去做些其他事

D.我努力总结出说话者真正想说些什么，这样就迫使我认真听

（2）你的下级、上级或者家人是如何评价你的倾听表现的？较符合的一项是（　　）。

A.我心不在焉

B.我没有听，我总要人重复他们刚说的话

C.我看起来没有听，实际上一个字也没漏听

D.我专心致志

（3）某人讲话口音很重，很难懂。你最可能的应对方式是（　　）。

A.请他重复一下

B.停止听讲

C.努力去听懂一些话，然后将其余的猜出来

D.非常仔细地听，或者做笔记或录音，这样我可以再听一遍

（4）在一次谈话中，某人说了如下的一些话，你最可能接受的是（　　）。

A.我并不害怕在大庭广众之下说话，只是有几次该我站起来讲话的时候，我的嗓子哑了，运气真不好

B.我想提升他再合适不过了。如果我来决定的话，这就是我要提升的人

C.我真的不知道怎样回答那个问题，我从来没有费心去考虑过

D.你能用更简单的语言再将它解释一下吗？我对它了解不多

（5）某人说话声音很低，这表明该人很可能（　　）。

A.想努力掩饰他的一个错误

B.害羞

C.嗓门小

D.和附近一位大声说话者形成对比，这样迫使人们仔细听

2.依据评分标准（见表3-1），计算自己的得分，并参考结果评价进行自省自悟。

表3-1 倾听自查评分标准

选项题目	A	B	C	D
1	1	3	2	4
2	1	2	3	4
3	2	1	3	4
4	1	2	3	4
5	3	2	1	4

结果评价：

•如果你的得分在16~20分，表明你很注意倾听那些明显的要点，也很注重了解其中的含意。你是位很好的倾听者，具有较强的倾听能力。

•如果你的得分在10~15分，表明你的倾听能力一般。当他人告诉你一件事情时，你开始会显示出倾听的兴趣，但当你认为他人的讲话不重要时，就有些心不在焉了。

•如果你的得分在5~9分，表明你是个糟糕的倾听者，你必须加强倾听能力的培养和训练。

实训2：角色演练

实训目的：

通过角色演练，一方面练习倾听技能，提高倾听能力；另一方面在故事选取时选择有教育意义的内容，提高学生的思想素养。

实训步骤：

1.每人准备一个"共和国勋章"获得者的故事。

2.两人一组，进行角色分配，确定讲者和听者。

3.先由讲者开始讲述，倾听者要求按照倾听"六到"专注倾听。

4.互换角色，按照要求继续进行讲述。

5.互相对对方的倾听情况进行反馈。

6.选择一组或两组同学，在课堂分享讲故事所获得的感受和启示。

7.请写下你获得的启示和收获，上传至群共享。

任务三　倾听的主观障碍

▶ 任务解析

倾听障碍既有来自倾听者本人主观方面的障碍，也有来自环境和说话者的客观障碍。主观障碍主要表现在哪些方面呢？

▶ 知识准备

一、倾听者的态度和情感障碍

通常人们愿意听自己喜欢的人说话，因为喜欢这个人，不管他说什么都愿意听；对于不喜欢的人，可能有时候他说得对或者有用，就是因为不喜欢这个人也听不进去，因此对人的喜好会影响到倾听。同时，人的情感在倾听中也起到了听觉过滤器的作用，人们总是爱听夸赞的言语，好听的话即使言过其实，也不会引起倾听者的反感，难听的话即使恰如其分，也不会给倾听者以满足。

3-3 倾听的主观障碍

二、理解能力障碍

一个人的理解能力受到他的知识水平、文化素质、职业特点和生活阅历的影响。知识水平高、阅历丰富的人通常理解能力较强，也往往会有比较好的倾听效果。反之，如果无法理解对方所说内容，听不懂、听不明白，自然就听不下去、听不进去。

三、不良的倾听习惯

第一，急于发言。没有等人把话说完，就急于发表自己的意见或观点。没有获取完整信息就下结论一般是错误的。

第二，忙于记要点。有些人生怕不能记下说话者讲的每一个字，结果是听也没听到，记也没记下。

第三，忙于私活。有些人一边听别人的话，一边手中还在忙自己的事情，表面上感觉在听着，实际上可能有一句没一句，倾听的效果会大打折扣，同时也是对讲话者的不尊重。

四、心智时间差导致的障碍

正常情况下，人们说话的速度一般是每分钟160个字左右，而人的大脑对信息的处理速度要远远大于这个数字，这样就产生了听者的心智时间差，为了填补这一段时间的空白，人的思想可能会游走，也就是所谓的走神，如果对走神没有觉知，可能会耽误、遗漏重要信息，造成倾听障碍，因此要用意志力加以控制并对倾听过程保持觉知。

❯ 要点小结

倾听的主观障碍：
- 倾听者的态度和情感障碍
- 理解能力障碍
- 不良倾听习惯
- 心智时间差导致的障碍

❯ 任务实训

实训目的：

通过自我对照，检查自身倾听习惯，为进一步学习倾听做好准备；通过案例分享，明确不良倾听习惯带来的负面影响，认识到养成良好的倾听习惯的重要性，提升倾听能力。

实训1：自我对照

实训步骤：

1.请对照检查自己是否有以下类似情况：

- 说的比听的多
- 喜欢插话
- 在交谈时经常一言不发，导致对方无法判断你是否在听
- 发现感兴趣的问题时会问个不休
- 回应对方基本以自我为中心
- 听别人说话会经常走神
- 在对方还没说完时已经下了结论
- 对不喜欢的人无论他说什么都听不进去

对于以上情况，每个人的习惯是不一样的，如果这些问题绝大多数在你身上都有发生，就需要引起高度重视了。

2.你还有哪些不良的倾听习惯，请写下来。

实训 2：案例分享

实训内容：

乔·吉拉德为何推销失败

有一次，一位顾客到世界上最伟大的推销员乔·吉拉德那里去买车。乔·吉拉德为他推荐了一款车型，顾客对车很满意，并掏出一万美元打算作为定金，眼看生意就要成交了，对方却突然变卦，掉头离去。

对方明明很中意那辆车，为什么突然改变了想法呢？乔·吉拉德为此事懊恼了一下午，百思不得其解，到了晚上11点他忍不住按照联系簿上的电话号码打电话给那位顾客。

"您好！我是乔·吉拉德，今天下午曾经向您介绍一辆车，眼看您就要买下了，为什么却突然走了呢？"

"喂，你知道现在是什么时候吗？"

"非常抱歉！我知道现在已经是晚上11点钟了，但是我检讨了一下午，实在想不出自己错在哪里，因此特地打电话向您请教！"

"真的吗？"

"肺腑之言！"

"很好！你在用心听我说话吗？"

"非常用心！"

"可是今天下午你根本没有用心听我讲话。就在签字之前，我和你提到我小儿子的学习成绩、运动能力以及他将来的抱负，我以他为荣，但是你却毫无反应。"

乔·吉拉德确实不记得对方说过这些事情，因为当时他认为已经谈妥了那笔生意，根本没有在意对方还在说什么，而是专心地听一个同事讲笑话。

实训步骤：

1.乔·吉拉德的生意为什么失败了？

2.如果你是乔·吉拉德，你会怎么做？

3.请写下你获得的案例启示，上传至群共享。

任务四　倾听的客观障碍

▶ 任务解析

倾听障碍既有主观方面的障碍，也有客观方面的障碍。客观障碍主要来自哪些方面呢？

▶ 知识准备

一、说话者的语言因素障碍

语言不通，听不懂。如果说话者与你有不同的文化、语言背景，语言不通，就很可能听不懂。比如，到国外旅游，就会出现因语言不通听不懂的情况。

声音太低，听不清。说话者声音太低，无法听清楚。

语境、语意不同，听不明白。语言离开语境，就容易导致误解，说话者语意表达不明，对方可能听不明白。

3-4 倾听
的客观障碍

二、说话者的非语言因素障碍

身体语言障碍。如果说话者的身体语言使用不当会给倾听带来障碍，甚至误解。

说话者的语言与非语言矛盾，也会让听者迷惑。比如，口中说的是三个，却伸出了五个手指。

三、倾听环境因素障碍

物的环境障碍。沟通的场所、环境布置、噪声大小、光照强弱、温度高低、座位安排等都会影响到倾听。

人的环境障碍。谈话人数的多少，甚至说话者的衣着都会影响到倾听。

▶ 要点小结

倾听的客观障碍：
- 说话者的语言因素障碍
- 说话者的非语言因素障碍
- 倾听环境因素障碍

▶ 任务实训

实训目的：

通过游戏活动，认识倾听障碍的因素；联系实际，体会倾听障碍，学会克服障碍，提高倾听能力。

实训1：游戏活动

实训内容：

这是一个传话游戏。教师事先准备写好传话内容的小纸条。

实训步骤：

1.教师随意抽取10位同学，纵向排成一列。

2.教师准备好传话小纸条，悄悄给队列第一位同学看纸条上的话，保证其他人不可以看到。

3.要求第一位同学把刚才看到的话，悄悄告诉第二位同学，绝对不能让其他人听到，且只能说一遍，听的同学要高度集中注意力。以此类推，传给最后一位同学后，最后一位同学大声说出自己听到的话。

4.对照第一位和最后一位同学的内容差异。

5.请写下从活动中获得的启示，并进行分享。

实训2：联系实际

实训步骤：

1.两人一组，互相分享。

2.联系实际，回忆一个在自身生活或者学习中所遇到的、由于客观因素引发倾听障碍的例子。

3.请写下刚才的分享带给你的启示，上传至群共享。

实训拓展：

　　请把你收集的与本任务相关的案例、情景、活动等，打开活页扣，加装进来。

项目二　倾听技能

任务一　如何培养正确的倾听态度和习惯

任务解析

　　倾听者的态度和习惯会影响倾听效果，因此要端正倾听态度并建立良好的倾听习惯。

知识准备

一、端正倾听态度

　　倾听态度包括在倾听过程中对人的态度和对事的态度。

　　倾听中对人的态度，与讲话者是什么样的人相关，对方是自己喜欢的还是不喜欢的。

3-5　如何培养正确的倾听态度和习惯

　　倾听中对事的态度，与讲话者讲的事情是否与自己有关或者自己对听到的事情是否感兴趣有关联。

　　如果说话者和他所说的事，都是倾听者喜欢的，当然会洗耳恭听。如果面对的是不怎么喜欢的人，或者是很烦的事，但又逃不过、躲不开，就需要调整心态，试着去寻找一个自己可以接受的角度，端正倾听态度。

二、养成良好的倾听习惯

　　第一，完整、准确地接收信息。一方面，接收信息要完整。追求信息的完整性，就要等人把话说完，听到一个完整的信息再讲出自己的意见和观点。另一方面，接收信息要准确。力求信息的准确性，就是说要衡量一下，听到的是不是对方的真实意图。不仅要听信息，还要注意听情感，不仅要注意语言内容，还要把握非语言内容，力求全面衡量。

　　第一，专注地倾听。当倾听别人时，最好将别的一些事先放一放，放下手中的私活，放下手机，不看电脑，和说话者全然地在一起。

　　第三，倾听时要做到与对方有目光交流。用目光与对方连接，让对方感觉到你在听，你在他的话题里，对方会感到受到了尊重。

❯ 要点小结

如何培养正确的倾听态度和习惯：

- 端正倾听态度
- 养成良好的倾听习惯

❯ 任务实训

实训：案例分享

实训目的：

认识不良倾听习惯带来的不良影响，学习并养成良好的倾听习惯。

实训内容：

巴顿将军的愚蠢事

巴顿将军为了显示他对部下生活的关心，搞了一次参观士兵食堂的突然袭击。在食堂里，他看见两个士兵站在一个大汤锅前。

"让我尝尝这汤！"巴顿将军向士兵命令道。

"可是，将军……"士兵正准备解释。

"没什么可是，给我勺子！"巴顿将军拿过勺子喝了一大口，怒斥道："太不像话了，怎么能给战士喝这个？这简直就是刷锅水！"

"我正想告诉您这是刷锅水，没想到您已经尝出来了。"士兵答道。

实训步骤：

1. 是什么原因导致巴顿将军的尴尬？
2. 如果你是巴顿将军，你会怎么做？
3. 请写下你获得的案例启示，上传至群共享。

任务二　如何正确理解信息

◆ 任务解析

倾听者不仅要理解说话者的语言信息，还要理解说话者的非语言信息；不仅要理解说的内容，还要了解对方的真实情感。只有获得了对信息的正确理解，才可能给对方作出准确的回应或者反馈。如何才能够正确理解信息？

◆ 知识准备

一、不断学习训练提高自身的理解能力

倾听中力求对信息进行整体把握。碎片化信息可能是不完整的，往往难以获得正确的理解。

对于自己听到或看到的内容要不断地思考、总结、归纳，学习建立自己的模式。

练就自己的语言能力。

3-6　倾听中如何正确理解信息

二、消除成见，克服思维定式

倾听中要选择积极的心态，克服思维定式的不良影响，学会客观中立地看待问题，有利于获得正确的理解。

三、保持同理心倾听

人同此心，心同此理，"将心比心"。同理心倾听可以帮助我们准确理解对方说话的内容和情感。

> ## 要点小结

如何正确理解信息：

- 不断学习训练提高自身的理解能力
- 消除成见，克服思维定式
- 保持同理心倾听

> ## 任务实训

实训目的：

通过情景模拟，感受同理心倾听的意义；通过角色扮演，学习运用同理心倾听，学会在倾听中辨识对方的感受和情绪，提高倾听能力。

实训1：情景模拟

实训内容：

情景背景：同事小王，是个很优秀的销售代表，在公司业绩一直领先，但他最近不怎么顺。

体会以下不同情境中，小王对你的表达中，他表达的真实意思和情感是五个选项中的哪一种？

选项：A.抱怨　　B.无奈　　C.只是说说　　D.征求建议　　E.希望指导

情境一：小王："我用了整整一周的时间服务这个客户，但客户的销售量还是不高。"

情境二：小王："唉，我用了整整一周的时间服务这个客户，也不知道怎么搞的，客户的销售量就是不高。"

情境三：小王："看来是麻烦了，我用了整整一周的时间服务这个客户，客户的销售量还是不高。"

情境四：小王："说来也奇怪哦，我用了一周的时间服务这个客户，销售量就是不高。"

实训步骤：

1.两人一组，一位同学扮演小王，另一位同学倾听。

2.倾听的同学仔细体会，这四种情境下，小王所表达的真实意思和情感是什么，并把自己的倾听和理解反馈给对方。

3.请写下你获得的启示，上传至群共享。

实训2：角色扮演

实训内容：

内容1：辨识感受

（1）"我性格内向，不善言辞，最怕当众讲话。今天的演讲课，就要轮到我上台演讲了！"此时他的感受是什么？

（2）"唉，老天实在不公平，为什么一切好的她都有份？不但人长得美，功课也好，家里又有钱。而我呢？什么都不好，如果能有她的一半，那该多好啊！"此时她的感受是什么？

内容2：反映情绪

（1）大考马上就要到了，父母对他期望很高，希望他能金榜题名。而他面对读不完的书，不知该如何是好。他说："天啊！如果考不上，我该怎么办？"

（2）他平日功课、行为表现都不是很理想，这次又犯了错。他说："算了，不管我怎么做，都不会有人相信我，反正大家都认为我不好，那就坏到底吧！"

实训步骤：

1.两人一组，角色扮演，并互相讨论分享。

2.依据以上素材，互相倾诉，互相辨识感受，并反映情绪，记录下来。

3.要求恰如其分地反映，不分析，不评价。反映要求像照镜子，镜中呈现的是对方内在的情绪，只是照见，让对方知道你已经了解他的感受。

4.请写下你获得的启示，上传至群共享。

任务三　如何提问

🔘 任务解析

恰当的提问能使倾听的效果锦上添花。要做到恰当提问需要注意些什么?

🔘 知识准备

一、把握提问时机

一般情况下,在对方的观点或内容阐述完毕之后提问比较好。比如,专家讲座时,一般会在讲座快结束时留出时间,让学生提问。通常学生在这个时间提问比较好。

3-7　倾听
中如何提问

二、注意提问方式

倾听中的提问,必须讲究方式。避免使用盘问式、质问式、命令式等,这些方式听起来都不太友好,可能使沟通气氛变得紧张。最好采取委婉、礼貌的方式,同时,尽量多问开放式问题。

三、紧扣主题提问

倾听中如果提问,提出的问题要紧扣主题。

四、问题要优而精

一方面，要多听少问，不能问连珠炮式的问题，令对方难以招架。另一方面，问题尽量简洁明了。

❯ 要点小结

如何提问：
- 把握提问时机
- 注意提问方式
- 紧扣主题提问
- 问题要优而精

❯ 任务实训

实训：情景模拟

实训目的：

通过倾听情景模拟，学会在倾听中有效地进行提问。

实训内容：

甲：谈论自身在学习和生活中的一个实际问题，即使不重要也无妨，不要期望得到问题的解决方法。

乙：倾听对方并提出问题。

实训步骤：

1. 两人一组，互相分享并角色轮换。
2. 倾听者注意倾听关键的句子，并适度提问。
3. 请写下你获得的启示，上传至群共享。

任务四 如何反馈

任务解析

沟通的意义取决于对方的回应，如果没有反馈，很有可能发送者的信息传递会变得毫无意义。反馈方式有语言反馈和非语言反馈。倾听中如何有效反馈呢？

知识准备

一、反馈时机要适宜

一般情况下，要给予对方及时反馈，这样有利于问题的解决，但及时反馈不意味着立刻作出反应，还必须灵活地捕捉最佳时机，当一个人情绪激动、心烦意乱而对反馈有抵触时，就要推迟反馈时间。

3-8 倾听
中如何反馈

二、反馈的态度应该是支持性的和坦诚的

反馈要照顾到对方的感受，本着尊重、平等的原则，任何先入为主、盛气凌人或者暗含批评和嘲讽的做法，都是不容易被接受的，都有可能破坏沟通氛围。因此，尽量对事不对人，共同指向要解决的问题。

三、反馈要明确、具体

工作中，管理者对员工的工作情况要不断反馈。反馈语言要明确而具体，这样的反馈有利于员工进一步开展工作。比如，"你的任务完成得很好啊"就不如"这次会展的组织工作完成得很好，达到了我们预期的效果"，后面这句话比较明确、具体。

四、反馈要适度

尽管反馈在沟通中非常重要，但反馈也必须适度，过度的反馈可能会引起对方反感。同时，要注意反馈只能是反馈，不能直接作为建议，除非对方有这样的需求。反馈要更多地去关注别人的感受和需要。

● **要点小结**

如何反馈：

- •反馈时机要适宜
- •反馈的态度应该是支持性的和坦诚的
- •反馈要明确、具体
- •反馈要适度

● **任务实训**

实训：角色扮演

实训目的：

通过角色扮演，学习从反馈中更多地去关注对方的感受和需要，学会在倾听中恰当反馈。

实训内容：

内容1：

甲：我现在变得这么胖，我自己都受不了自己了。

乙：

内容2：

甲：我正紧张地备考，可是，我朋友老有事找我，真烦！

乙：

内容3：

甲："班上秩序不好，导师怪我不负责任，要我把不守规矩的同学报告给他，可是，那些同学受处罚后，都说我多管闲事，叫我'马屁精'，我到底要怎么做才好？"

乙：

实训步骤：

1.两人一组，分别扮演甲和乙，开始对话，尝试给对方不同的反馈，让对方体会不同反馈的差异。

2.分享在听到不同反馈后的感受。

3.请写下你获得的启示，上传至群共享。

实训拓展：

请把你收集的与本任务相关的案例、情景、活动等，打开活页扣，加装进来。

模块三知识考核

1.（选择题）以下属于不良倾听习惯的是（   ）。

A.完整、准确地接受信息

B.等人把话说完

C.忙于记要点

D.既倾听信息也倾听情感

2.（选择题）由于倾听者本人的因素引发的倾听障碍包括（   ）。

A.受到噪声的干扰   B.倾听习惯不良

C.心理定式   D.心智时间差

3.（判断题）在沟通中听与倾听没什么区别。   （   ）

4.（判断题）对于倾听中的提问，问题越多越好。   （   ）

5.（判断题）倾听的关键是要把握重要信息，只要抓住了重要信息，至于说话者的情绪不用理会。   （   ）

模块三综合实训：情景模拟

实训目的：

通过情景模拟综合实训，置身沟通情景，体会不良的倾听习惯导致的倾听障碍，从而认识到端正倾听态度、养成良好倾听习惯的重要性，学习如何提高倾听技能。

实训内容：

情景背景：销售部张经理向市场部李经理抱怨，华东地区的广告没有起到促销作用，以下是他们之间的对话。

张："李经理，我们华东地区的人反映，华东地区的广告没有起到作用，我们的人说……"

李："不可能，电视台的调查结果显示收视率很高，你的信息不准确，我们……"

张："我不管收视率，我只看销售额，是你们……"

李："我们怎么了？你的销售额是什么时候的？我们的广告……"

张："你别说你的广告了，光花钱没效果，我早就说你们的不行……"

李："什么不行，其他地区的效果都很好，是你们的销售人员有问题吧？"

实训步骤：

1.两人一组，分别扮演张经理和李经理，置身于角色情景，按照以上对话内容练习。

2.选择一到两组同学在全班同学面前模拟展示，教师点评。

3.体会并分享在这样的沟通中彼此的内心感受。

模块三总结区

姓名：_____　　　　　　　　　　　　　　日期：_____年____月____日

提炼本模块学到的知识点和技能点（可以采用思维导图形式，下同）

分享你在本模块学习中的实践与感受

秀一下你在本模块的发现和建议（可上传至群共享）

模块四　非语言沟通技能

学习目标

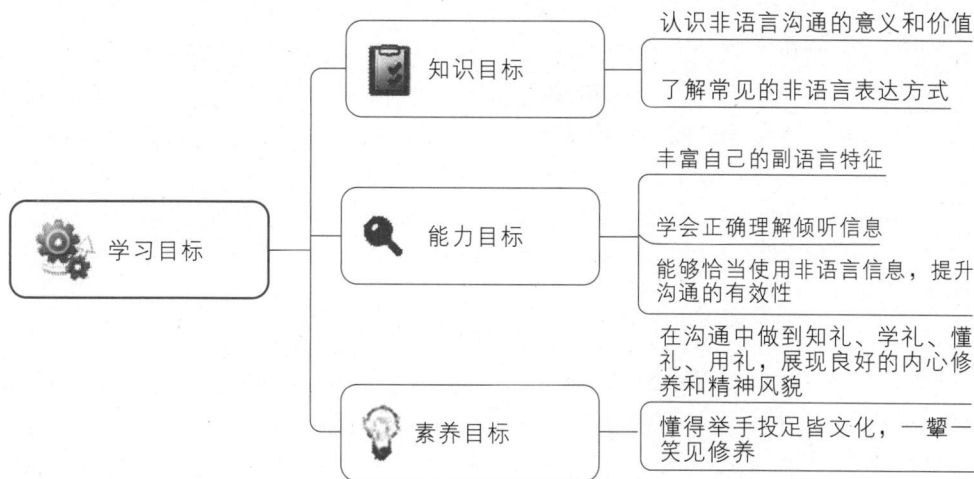

认识非语言沟通的意义和价值

了解常见的非语言表达方式

知识目标

丰富自己的副语言特征

学会正确理解倾听信息

能够恰当使用非语言信息，提升沟通的有效性

能力目标

在沟通中做到知礼、学礼、懂礼、用礼，展现良好的内心修养和精神风貌

懂得举手投足皆文化，一颦一笑见修养

素养目标

【关键词】 非语言沟通　副语言　身体语言
服饰语言　环境语言

【学习重点】
了解非语言的特点
认识副语言对沟通效果的影响
学习握手的要点
懂得环境语言的使用

【学习难点】
如何正确识别面部表情
如何合理使用身体语言
如何读懂环境语言

项目一   解析非语言的内涵

任务一   非语言的神奇魔力

▶ 任务解析

　　根据沟通的信息载体的不同，可以将沟通分为语言沟通和非语言沟通（如图4-1所示）。

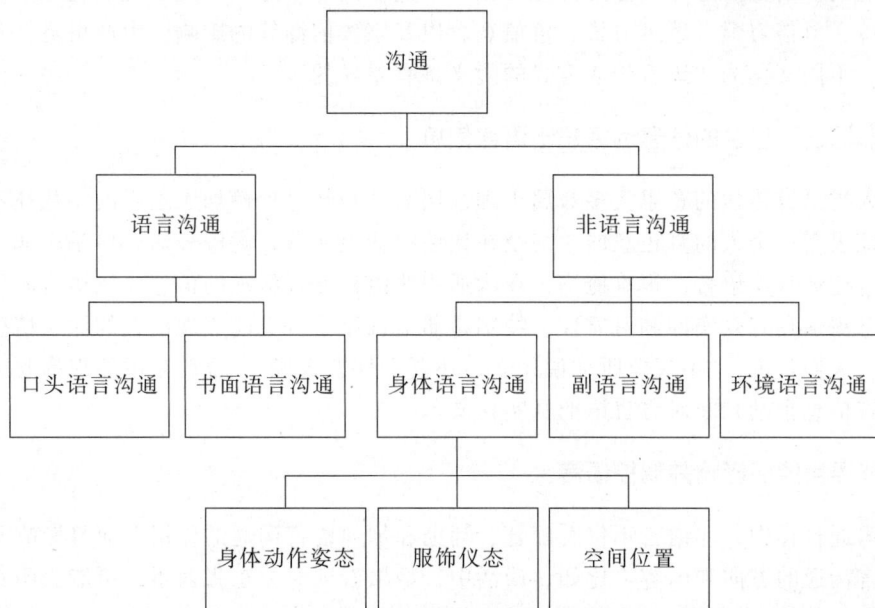

图4-1   沟通按照信息载体划分的分类图

　　非语言沟通就是使用除语言之外的其他各种沟通方式来传递信息的过程。非语言的形式有很多，包括身体语言、副语言以及环境语言等，甚至没有表情的表情、没有动作的动作都是非语言沟通的有效途径。正所谓"眉来眼去传情意，举手投足皆语言"。

4-1 认识
非语言的神
奇魔力

一、非语言影响沟通的效果

美国加州大学著名的心理学教授艾伯特·梅拉比安，曾经提出一个公式：信息传递的全部效果=7%语言＋38%声音＋55%肢体语言。其中声音、肢体语言都属于非语言范畴，尤其在表达情感和态度的时候，非语言的影响更大。人们判定一个人的语言和他的真实意图是否一致，可以通过语气、语调和肢体语言是否一致来衡量。

二、非语言方式隐藏着丰富的文化内涵

同样的非语言方式在不同文化中表达的含义可能不一样。比如手势：伸出大拇指，在中国表示"真棒，点赞"；在意大利表示"数字1"；在日本表示"数字5"，在希腊表示"去你的"等。为什么同样的非语言方式却承载了不同的文化内涵？因为人们的非语言沟通方式通常都是在孩童时期学到的，这些行为不可避免地受到文化环境、风俗习惯、思维方式、价值观念以及宗教信仰等的影响。由此可见，不同国家、不同文化的非语言沟通方式的含义是有差异的。

三、非语言所包含的信息远远超出语言信息

人类语言传达的意思大多数属于理性层面，是经过理性加工之后的，往往不能真实地表露一个人的真正意向，甚至在谈话中戴上面具，虚假表达，口是心非。而非语言比如身体语言，很难掩饰，在沟通中非语言方式呈现的信息要比语言所呈现的信息更加具有真实性和可靠性，特别是非语言比语言更能表现出人的深层情感和欲望。人们常说，"不仅要听你说什么，还要看你怎么说"，也就是说要根据看到的非语言信息帮助判断对方言语的真实含义。

四、非语言能够影响并调控语言

沟通过程中，非语言不仅有配合、辅助和加强语言沟通的作用，而且影响并调控语言沟通的方向和内容。比如，谈话中，如果看到对方东张西望，可能表明对谈话内容不感兴趣，应及时作出调整。不仅如此，非语言沟通还能验证和表达语言沟通所要传递的信息，比如，一种大众游戏"我来比画你来猜"，利用的就是非语言的这一特征。

五、非语言能够表明情感和态度

非语言方式在很大程度上是无意识的，因此更能真实地表明人的情感和态度。比如，当我们反对某些意见时，通常会把双臂交叉在胸前；而对某些话题感兴趣时，会把身体向前倾。面部表情、手势、形体动作等都可以向他人传递情绪和情

感，别人也能通过面部表情判断我们的情感和兴趣。

要点小结

非语言的神奇魔力：

- 非语言影响沟通的效果
- 非语言方式隐藏着丰富的文化内涵
- 非语言所包含的信息远远超出语言所提供的信息
- 非语言能够影响并调控语言
- 非语言能够表明情感和态度

任务实训

实训目的：

通过联系实际，发现和重新认识非语言的力量和作用，并运用非语言方式完成沟通，体会非语言的效用和价值。

实训1：联系实际

实训步骤：

1.请认真思考，尽可能多地列举表示非语言沟通的成语或者词语，比如"眉目传情"等。

2.请用访谈法或通过查阅资料的方式，查找不同文化的非语言表达方式，并明确其不同含义。

3.请写下你获得的启示，上传至群共享。

实训 2：联系实际

实训步骤：

1.根据自身特点，用非语言方式完成自我介绍。

2.学生分组，两人一组。

3.按要求进行：

（1）向对方介绍自己，一方先通过非言语的方式介绍自己，3分钟后双方互换。

（2）在向对方进行自我介绍时，双方都不准说话，整个介绍可以通过动作、图片、标志、手势、目光、表情等非语言方式进行。

（3）请用语言描述对方非语言所表达的意思，并与对方的想法进行对照。

4.思考并作答：

（1）用肢体语言介绍自己时，表达得是否正确？

（2）你读懂了多少对方用非语言方式表达的内容？

（3）对方给了你哪些很好的线索使你了解他？

（4）彼此在进行非语言沟通时存在哪些障碍？怎样才能消除或减少这些障碍？

5.请写下你获得的启示，上传至群共享。

任务二　副语言及其影响

▶ 任务解析

　　非语言方式对沟通效果的影响毋庸置疑。心理学研究发现，视听是人们接收信息、感知态度和情感的重要方式。人与人之间的交流55%是通过视觉、38%是通过听觉来实现的。其中38%的听觉交流主要受副语言的影响。

▶ 知识准备

一、认识副语言

　　副语言也叫辅助语言，它包括一个人说话时的音质、音调、语速、语气、语调以及停顿、叹息或嘟囔的声音等，副语言虽然有声音却是非语言。

4-2　了解
副语言及其
影响

二、语速及其影响

　　人的语速会影响倾听者对信息的接收和理解，不同的人语速不同。语速较快，一般被视为是更有能力的表现。但是，在沟通中如果一个人语速过快，倾听者的思维有可能会跟不上，就会影响其对信息的理解，沟通效果会打折扣。恰当的语速还有利于建立和谐的关系，在沟通中我们要学会尽量与倾听者保持同步的语速。

三、语气、语调及其影响

　　简单说，语气就是说话的口气；语调就是说话的腔调，是说话声调高低、抑扬轻重的搭配和变化。一句话的语气主要取决于语调。语气是有感情色彩的，透过语气可以感知到喜、怒、哀、乐、悲、恐、惊等丰富的情感；语气也是有分量的，透过语气不仅能感知言语的感情色彩，还能区别是非爱憎的程度。语气的感情色彩和程度是语句的灵魂，受具体的思想感情支配的语句才是有生命的。句子的语气大致可以分为陈述、疑问、祈使、感叹等几大类。不同的语气、语调传递不同的情绪、情感和态度。

四、音质及其影响

　　不同人音质会有一些差异。通常，如果一个人的声音具有吸引力，更容易被人们认为是有影响力、有能力和更为诚实的。音质可以通过自己的努力和专业人士的帮助来改变。西方国家成功的政治家们都知道如何运用声音的魅力去吸引选民，音质不美的政治家会选择通过各种方式改善自己的音质。

五、音调及其影响

音调有高低差异。研究音调的人发现，如果说话者使用较高且有变化的音调，则容易被视为更有能力；用低音调说话的人容易被认为是底气不足，可能被认为对所说的话没有把握或者害羞。但是，也有研究证明，当人们撒谎时会比平时的音调要高。柔和的声音往往具有更好的效果。

六、暂停和沉默

暂停和沉默也是一种非语言方式，和声音一样值得注意。沉默有很广泛的含义，在一种极端的情况下，人们用沉默作为一种武器或者策略来结束沟通活动或寻求某种赞同。有时在谈话中暂停一下也是一种有价值的能力，这种能力给他人以时间来仔细考虑自己的想法和感受。

七、声音补白

声音补白通常在搜寻要用的词语，用于填充句子或做掩饰时使用。比如，"啊""呀""这个""你知道"等这样的短语，都是表明停顿以及正在搜寻正确词语的非语言方式。声音补白其实也是一种信号，它能保护讲话者讲话的权利，因为它有效地表明"不要打断，我仍在讲话"。我们都会使用声音补白，但是如果不停地使用，可能会分散倾听者的注意力，就会产生沟通问题。

▶ 要点小结

副语言及其影响：
- 认识副语言
- 语速及其影响
- 语气、语调及其影响
- 音质及其影响
- 音量、音调及其影响
- 暂停和沉默
- 声音补白

任务实训

实训：角色扮演

实训目的：

通过角色扮演，置身情景之中，体验不同的非语言方式及其影响。

实训内容：

情景1：你没骗我吧？这是真的吗？我居然被选为学生代表，还要上台发言？这简直是太棒了！不过我很容易紧张，如果到台上紧张得忘词了，那可怎么办啊！

情景2：都毕业快三年了，我至今还一事无成，不是我不愿意努力，而是没有遇到好的机会。我曾经的工作，不是工作太乏味，就是老板太刻薄。昨天的同学会，看着同学们一个个得意地谈着自己的工作和事业，我真的好羡慕，真希望我也能和他们一样啊！

实训步骤：

1.两位同学一组，根据上述情景资料，先体会其意义，再搭配合适的语气、语调、声音等读出来。

2.每位同学至少完成三次练习，并比较每次练习的差异。

3.请写下你获得的启示，上传至群共享。

实训拓展：

请把你收集的与本任务相关的案例、情景、活动等，打开活页扣，加装进来。

项目二　面部表情沟通

任务一　沟通中微笑是没有国界的语言

▶ 任务解析

戴尔·卡耐基曾经说过，一个人脸上的表情比他身上穿的衣服更重要。美国学者巴克的研究显示，人的脸部大约能作出 25 万种不同的表情，千变万化的表情之中，微笑是最美的。西方有句谚语："不会笑就别开店。"中国人常说："笑口且常开，财源滚滚来。"微笑是没有国界的语言，微笑是彼此沟通的桥梁。

▶ 知识准备

一、微笑有助于保持身心健康

俗话说："笑一笑，十年少。"研究显示，微笑能促进内啡肽的释放，会让人感觉精神愉悦。同时微笑的时候，面部肌肉舒展，皮肤新陈代谢加快，能够促进血液循环，增强皮肤弹性。微笑既是一种面部表情，也代表了一种积极乐观的生活态度。经常微笑有利于促进身心健康。

4-3　微笑是没有国界的语言

二、微笑有助于建立友好的关系

微笑是一种通用的世界语言。在国际惯例中，微笑普遍的含义是表示接纳对方、热情友善；微笑能让初次接触的客户感到温暖，是一种服务力量，体现着真诚的态度，能够使客户感到舒服，并产生信任感；微笑有助于建立友好的关系。

三、微笑要协调

完整的微笑来自眉宇、体态、语言和心情的配合，这样的微笑是和谐统一的，会令人感觉亲切而真实。也就是人们通常所说的"眉开眼笑"。

四、微笑要真诚

许多服务性企业，规定服务人员必须在服务中保持微笑，要想让服务人员的笑真正走进客户的心里，需要发自内心的真诚和对工作的认可。微笑要热情、友善、真诚，这样的笑才能打动人。

五、微笑要适宜

虽然微笑是人际沟通与交往的润滑剂，但是也要分清场合与对象，合适的才是最好的。

要点小结

沟通中微笑是没有国界的语言：
- 微笑有助于保持身心健康
- 微笑有助于建立友好的关系
- 微笑要协调
- 微笑要真诚
- 微笑要适宜

任务实训

实训：联系实际

实训目的：

联系实际，结合自身情况，进行微笑训练，养成微笑的好习惯。

实训步骤：

1. 每位同学准备一面小镜子，做脸部运动。
2. 配合眼部运动。
3. 做各种表情训练，观察并比较自己哪一种微笑最美、最真、最协调。
4. 经常反复练习。
5. 请写下你获得的启示，上传至群共享。

任务二　沟通中眼睛如同舌头一样能表达

任务解析

有句话说"一身之戏在于脸，一脸之戏在于眼"。人的脸部五官中最传神的莫过于眼睛。爱默生说："人的眼睛和舌头说的话一样多，不需要字典，却能从眼睛的语言中了解整个世界。""眼睛是心灵的窗户"，足以说明一个人内心深处的欲望和感情可以通过眼睛来表达。

知识准备

一、学会运用目光缩短人与人之间的距离

在沟通中，专注的目光会让人感受到巨大的信任和支持，这样的信任和支持是沟通顺利进行的重要保障。比如，当站在演讲台上感到紧张、恐惧时，如果发现台下有一个人正在全神贯注地看着你，你会顿时感受到鼓励和支持。

4-4　眼睛如同舌头一样能表达

二、目光反映一个人的心理和精神状态

眼睛会说话，你的思想以及你的心态，会通过你的眼神流露出来。心理学家发现"观察人的瞳孔，可以推测他的幸福状态"，这个理论已经被证明，人在愉悦状态下，瞳孔会自然放大。因此，目光不仅能进行思想交流，还能反映一个人的心理

和精神状态。

三、目光接触是一种信息、一个前奏、一种对进一步交往的邀请

与人沟通，尤其是初次见面，如果不敢与人进行目光交流、不会运用目光交流，会带来恶劣的后果。比如，在求职面试的过程中，如果让招聘官发现你目光游移不定、飘忽躲闪，这对面试将是非常不利的。

四、学会灵活使用眼睛的不同表达方式

第一种方式，注视。在沟通中注视的方式和时间对双方的交流会产生重要影响。注视的方式有正视、平视、仰视等；注视的时间，一般而言，和对方的目光相接时间应占沟通时间的50%~70%，只有这样才能得到对方的信赖和喜欢。

第二种方式，扫视与侧视。扫视常用来表示好奇，过多地使用会让对方觉得你心不在焉；侧视表示轻蔑，过多使用侧视会造成对方的敌意。

第三种方式，闭眼。沟通中长时间的闭眼会给对方以孤傲自居的感觉。如果闭眼的同时，还伴有双臂交叉、仰头等动作，就会给对方目中无人的感觉。

❯ 要点小结

沟通中眼睛如同舌头一样能表达：
- 学会运用目光缩短人与人之间的距离
- 目光反映一个人的心理和精神状态
- 目光接触是一种信息、一个前奏、一种对进一步交往的邀请
- 学会灵活使用眼睛的不同表达方式

❯ 任务实训

实训：游戏活动

实训目的：

通过游戏活动，感受眼睛以及眼神交流在沟通中的重要作用，学习并灵活使用眼睛的不同表达方式。

实训步骤：

1.说出与眼睛有关的成语或词语，比如"炯炯有神""虎视眈眈""东张西望"等，并体会它们表达出的不同情感和含义。

2.所有同学参与，按照座位的顺序，每位同学至少说出一个，不能重复。

3.两位同学为一组，把刚才说出的与眼睛有关的成语或者词语，用表情表达给对方。

4.请写下你获得的启示，上传至群共享。

实训拓展：

请把你收集的与本任务相关的案例、情景、活动等，打开活页扣，加装进来。

项目三 肢体语言沟通

任务一 如何握手

❯ 任务解析

非语言沟通包括肢体语言沟通、副语言沟通和环境语言沟通等。人的身体从头到脚都是可以说话的，手部可以传递的信息非常丰富，如何恰当使用手的动作来实现有效沟通？

握手是中国人社会交往与沟通活动中最常见的一种礼节，握手的方式千差万别，握手的力量、姿势和时间长短都能传递不同的信息。这些信息像默剧一样无声地向对方描述你的性格、可信程度、心理状态等。那么，在职业沟通中应如何握手呢？

❯ 知识准备

一、感知握手的方式

支配性与谦恭性握手。这种方式握手时手心向下，传递给对方的是支配性的态度；手心向上，表达对对方的尊重与敬仰。

双握式握手。握手时双手握住对方的手，表现出极大的热情和极度盼望的心情，表现出对被握手人的亲密和渴望。一般适用于有感情基础的双方见面时。

4-5 如何握手

死鱼式握手。这是一种很不受欢迎的握手方式。对方伸出来的手让人感觉像是抓到了一条死鱼，冰冷、僵硬、黏糊糊，感觉很糟糕，暴露了对方的冷漠、傲慢，甚至愚昧无知。

折骨式握手。这是一种用力过猛的握手形式，握手时用拇指和食指紧紧抓住对方的四指关节处，像老虎钳一样夹住对方双手，让别人感到疼痛难忍。通常这样的人性格粗犷、豪放甚至莽撞，不过这种握手方式会让人感觉到畏惧和厌恶。

蜻蜓点水式握手。这种握手方式不是满手张开去握住对方的整个手掌，而是轻轻地捏住对方的几个指尖，给人十分冷淡的感觉，其用意是要与对方保持距离。

二、掌握握手的技巧

第一，与人见面握手之前，最好先自我介绍，再伸出你的手。同时注意握手的顺序，通常是职位高的、长者或者女士先伸手，再与之相握。如果对方没有伸手，不可主动出手求握。尤其是异性之间，如果女士不伸手即表示无握手之意，这时男士可代之以点头或鞠躬致意。若是对方非常积极地先伸出手，一定要去回握，否则不但让对方感到窘迫，也显得不懂礼仪。如果长者、贵宾向你伸出手，最好快步趋前，双手握住对方的手，身体可以微向前倾，表示尊敬，同时根据场合边握边说"您好""欢迎您"等问候的话语。

第二，握手时，要与对方目光接触，面带笑容。目光接触既显示了对人的重视和兴趣，也表现了自信和坦然，同时还可以观察对方的表情。

第三，当伸出手时，手掌和拇指应该成一定角度，一旦你的手与对方的手握在一起，四指与拇指应该全部与对方的手握在一起。

第四，握手要有一定的力度，这表示了坚定、有力的性格和热情的态度。没有力度的握手就是死鱼式的握手。同时又不要握得太紧。

第五，握手时间不宜过长，一般为3~5秒，若时间太短会显得仓促，如果握得太久显得过于热情，尤其是男人握着女人的手，握得太久，容易引起对方的防范之心。最后一点，如果手容易出汗，千万要在握手前悄悄把汗擦干。

▶ 要点小结

如何握手：
- •感知握手的方式
- •掌握握手的技巧

▶ 任务实训

实训：案例分享

实训目的：

通过案例分享，认识握手带来的影响，学会正确握手。

实训内容：

一次难忘的握手

玫琳凯·艾施是美国玫琳凯化妆品公司的创始人，早年做推销员时，有一次，销售总监召集员工们去开会。会议结束时，大家都希望可以同总监握握手。玫琳凯和大家一样，也十分崇拜这位总监，但由于想跟总监握手的人实在是太多了，玫琳凯等了好长时间，才轮到与总监握手。

　　然而，让玫琳凯极为失望的是，总监在同她握手时，根本就没有正眼看她一眼，而是用眼睛去看她身后的队伍还有多长。玫琳凯看出来总监很累，可是，自己也等了很长时间，同样也很累！自尊心受到了伤害的玫琳凯暗暗地下定决心：假若有一天，有人排队等着同自己握手，自己一定要把注意力全都集中在对方身上，无论自己有多累！

　　后来，玫琳凯创建了自己的化妆品公司，名气也慢慢地大了起来。她无数次站在队伍的前头同几百人握手。不管有多累，她总会牢记当年自己排那么长的队等候同那位销售总监握手时所受到的冷遇。如有可能，她总会想方设法同对方说点亲热话，也许只是一句，如"你的发型很漂亮"或"你穿的衣服真时尚"等。玫琳凯在同每一个人握手时，总是集中注意力，不允许有任何事情分散自己的注意力。

　　正是玫琳凯与人握手时集中注意力，使得很多人都觉得自己受到了尊重，她的公司生意也因此蒸蒸日上。

实训步骤：

　　1.请思考该案例中的销售总监在和玫琳凯握手时犯了什么错误。

　　2.从玫琳凯身上你学到了什么？

　　3.请写下你获得的案例启示，上传至群共享。

任务二　读懂手势

▶ 任务解析

法国艺术家罗丹说："手有时比嘴还能说话。"手势作为一种人际沟通与交流中大量使用的无声语言，如果手势大方得体，往往会给人留下深刻的印象。关于手势，根据其内涵可以分为情意手势、形象手势、象征手势三种。如何读懂不同手势呢？

▶ 知识准备

一、读懂情意手势

情意手势就是常常用来表达或强调说话人的某种思想感情、情绪、意向或态度的手势，比如鼓掌，竖大拇指等。不同国家不同文化，同样的手势所传递的情意是存在差异的。比如，"O"形手势即圆圈手势，拇指和食指合成一个圆圈，其余三个指头伸直或略曲。这种手势在讲英语的国家表示"赞同"，在法国表示"零"或"没有价值"，在突尼斯表示"傻瓜"，在缅甸、韩国表示"钱"。

4-6　如何读懂手势

二、读懂形象手势

形象手势是指示具体的某项行为和事情的手势，形象手势在服务人员的服务工作中或者销售工作中使用较多。最常见的形象手势，比如指引手势"请"，做"请"的手势时，五指并拢，手掌自然伸直，掌心向内向上，肘部略微弯曲，目视顾客面带微笑，且说出"有请"二字。

三、读懂象征手势

象征手势通常表示某种抽象的信念，且他人能够理解，如宣誓、敬礼等。举手敬礼是军人常用的见面礼节，现在也成为酒店、景区、银行、物业等服务性企业的安保人员向客户致敬的手势。

四、职场手势语的基本原则

手势幅度适中。一般手势的高度不应超过对方的视线，不低于自己腰部，手势左右摆动的范围应在胸前或右方。手势的幅度与自己的身材、沟通交流的场合要相匹配。

手势频率适中。一般情况下，在与对方交谈的时候，手势宜少不宜多，恰当地表达出其意思和感情就可以了。

避免使用不礼貌和不雅的动作，比如，不能用食指指对方，避免无关的小动作和不雅手势，如用手抓头发、掏耳朵、玩饰物、拉衣袖等动作。

▶ 要点小结

读懂手势：

- •读懂情意手势
- •读懂形象手势
- •读懂象征手势
- •职场手势语的基本原则

▶ 任务实训

实训目的：

通过联系实际，熟悉不同的手势内涵，读懂手势；通过情景模拟，进一步了解不同文化的手势内涵。

实训1：联系实际

实训步骤：

1.同学分组，举例说明目前自己了解的手势语。

2.查阅资料，说明有关"V"形手势、"竖大拇指"手势、"尖塔形"手势、"双手抱胸"手势等在不同文化中的含义差别。

3.请写下你获得的启示，上传至群共享。

实训2：情景模拟

实训目的：

进一步了解不同手势的内涵，学会在沟通中恰当运用手势传递信息。

实训步骤：

1.两人一组，说出图4-2中简单的手势在日常沟通中所表达的含义。

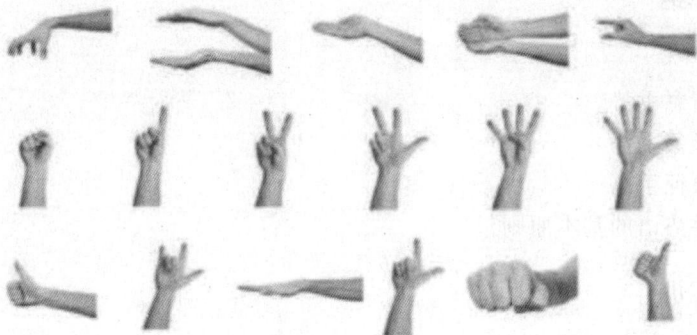

图4-2　不同手势

图片来源：http：//sc.68design.net/tk/40993.html.

2.请和同学分享你所知道的手势语。

3.写下此次实训的收获和启发。

任务三　站有站相　坐有坐相

▶ 任务解析

　　中华民族的礼仪中，"站有站相，坐有坐相"是对一个人行为举止最基本的要求。一个人的站姿、坐姿、走姿等身体姿势可以反映出一个人是否有信心、是否精力充沛。

▶ 知识准备

一、如何"站如松"

　　站姿是由一个人的修养、接受的教育、性格和人生经历决定的，可以反映出一个人复杂的内心世界。古语说"站如松"，就是说站要端正、自然、亲切、稳重。具体来说：身体站正，挺胸收腹、腰背挺直，两肩自然打开并下沉，脖子自然舒展；头部摆正，双目平视，面带微笑，下颌微微内收以表示谦逊、亲切；双臂自然下垂，放于身体两侧，两腿尽量并拢，两腿关节与髋关节舒展伸直，身体重心放在两腿之间，肌肉略有收缩感。站姿是良好走姿和得体坐姿的基础。

4-7　站有站相 坐有坐相

二、如何"坐如钟"

　　古语说"坐如钟"，同样提示了坐姿的基本要求，标准的坐姿要求坐着时头正、肩平、身直、足安。同时坐姿还要讲究场合。一般情况坐下来沟通时，要尽可能舒服地坐着，或者将身体的某一部位靠在椅子靠背上，使身体稍微有些倾斜，与对方交流时通过微笑、点头等回应对方。

三、如何"行如风"

　　古语说"行如风"，同样提示了走姿的基本标准：目光平视，头正颈直，上身正直不动，两肩相平不摇，两臂自然摆动，两腿直而不僵，步伐从容、步态平稳，步幅适中均匀，正确的走路姿势要做到轻、灵、巧。

要点小结

站有站相，坐有坐相：
- 如何"站如松"
- 如何"坐如钟"
- 如何"行如风"

任务实训

实训：联系实际

实训目的：

通过联系实际，感受一个人行为举止所传递出的沟通信息，明确不同身体姿势对沟通的影响。

实训步骤：

1.两人一组，互相分享。

2.联系实际，举例说明所看到的不同身体姿势是如何影响沟通的。

3.请写下你获得的启示，上传至群共享。

实训拓展：

请把你收集的与本任务相关的案例、情景、活动等，打开活页扣，加装进来。

项目四 仪容仪表沟通

任务一 如何修饰仪容

任务解析

美观、整洁、卫生、得体的仪容，对于人们在沟通时塑造良好的第一印象非常重要。仪容常常会引起沟通对象的特别关注，并影响整体评价。那么，我们应如何修饰仪容？

知识准备

一、面容修饰

一个人面部的修饰，最先考虑的是干净清爽，无灰尘，没有污垢及其他不洁之物，选择正确的洗脸方法，适度护理皮肤必不可少。对于女性，面部化妆可使其具有良好的精神风貌，可弥补不足，并增加色彩。女性得体的妆容传递出不一样的沟通信息，可反映女性对于自我、时间、金钱、社会地位以及财富等的认知。

二、头发修饰

头发对一个人整体的仪容至关重要。清洁是保持头发美观与健康的重要基础，发型要大方得体，头发修饰在恪守一般的美发要求基础上，还应根据工作性质和自身特点进行修剪、保养和美化。

三、口腔清洁与保养

保持口腔的清洁，不仅为了美观和健康，在近距离沟通过程中，口腔异味会严重影响到沟通的感觉和效果。因此，在工作场合，为了防止因饮食而产生口腔异味，应避免食用一些气味过于刺鼻的食物。

四、身体的运动与清洁

勤洗澡保持身体清洁，同时加强运动促进皮肤血液循环，减少皮下脂肪堆积。

运动有利于保持乐观健康的情绪，养成良好的卫生习惯，消除身体异味。工作场所，如果使用香水，香味宜淡雅清幽，太浓会引起周围人的反感。

> **要点小结**

修饰仪容：
- 面容修饰
- 头发修饰
- 口腔清洁与保养
- 身体的运动与清洁

> **任务实训**

实训：联系实际

实训目的：

通过联系实际，进一步认识修饰仪容对沟通的作用和价值。

实训步骤：

1.两人一组，互相检查对方的仪容，并给出合理化建议。

2.列举你认为仪容整洁的人，并说明理由。

3.请写下你获得的启示，上传至群共享。

任务二 得体的服装为沟通加分

任务解析

服装是人们用来传递语言无法传递的信息的一个有力工具，是文明社会中人们交流沟通的重要手段。马克·吐温曾经说过："服装建造一个人，不修边幅的人在社会上是没有影响力的。"特别是在未来的职场，服装可以无声地帮助你交流沟通、传递信息，告诉人们你的社会地位、个性特征、职业收入、教养品味以及发展前途等。服装对非语言沟通极为重要。

知识准备

一、了解服装的功能

远古时期服装的功能是御寒，遮裸是它走向文明的标志。现代社会，服装的最大功能是作为自我展示和表现成就的工具。服装可以增加人们的自信而不只是看起来漂亮，服装可以帮助人们沉着自如、优雅得体地表现，帮助人们建立自信。一次形象设计的调查结果表明，76%的人会根据外表来判断人，60%的人认为外表和服装反映了一个人的社会地位。

4-8 得体的服装为沟通加分

二、沟通中如何着装

首先，着装要符合一个人的年龄、职业和身份；其次，着装要符合一个人的脸型、肤色和身材。

一般来说，个子较高的人，上衣应适当加长，衣服颜色最好选择深色、单色或柔和的颜色；个子较矮的人，上衣应稍短一些，服装款式以简单直线为宜，上下颜色应保持一致，最好选择浅色套装；身材较胖的人，衣服款式应力求简洁、中腰略收，宜选择小花纹、直条纹的衣料，最好是冷色调，以达到显"瘦"的效果；身材较瘦的人应选择色彩鲜明、大花图案以及方格、横格的衣料，给人以宽阔、健壮的视觉效果。

三、男士的着装要求

西装是目前世界上最流行与通行的正式服装，已经成为现代工作与社交活动中最得体的服装。男士在正式沟通场合一般会穿着西装。西装的穿着有一些细节，如果不懂细节，可能就会在一些正式沟通场合因服装出卖你的品位。比如，长袖衬衫是搭配西装的唯一选择，注意衬衫的领口和袖口要长于西服上衣领口和袖口1~2厘米；领带的长度以系好后大箭头垂到皮带扣处为准；袜子的颜色要与裤子的颜色一致，或比裤子颜色略深；深蓝色或黑色西装佩黑色皮鞋，如果是咖色系西装，可以穿棕色皮鞋。

四、女士的着装要求

女士在正式沟通场合可着西装套裙或西装长裤，西装长裤给人精明且有权威的感觉，适合成熟的女士穿着；西装套裙是普遍使用的服装，套裙既能体现女性柔美、婉约的风韵，又能体现女性干练、敬业的职业风格。完整的女士套裙除了注重外套与裙子的选择外，搭配的衬衫的色彩一般选择单色比较好，衬衫颜色应与套裙相协调；鞋子一般选择黑色，5厘米的中跟皮鞋比较合适，既舒适又能拉伸腿部线条；袜子可根据套裙、鞋子的颜色和谐搭配。

❯ 要点小结

得体的服装为沟通加分：
- 了解服装的功能
- 沟通中如何着装
- 男士的着装要求
- 女士的着装要求

❯ 任务实训

实训目的：

通过联系实际，认识服装所传递的信息对沟通的影响，学会在不同的沟通场景中做到得体着装。

实训1：联系实际

实训目的：

进一步认识服装在交流沟通中的作用，学会依据沟通场景正确选择着装。

实训步骤：

1.假如出席表4-1中的场合，根据沟通场景的不同，填写你认为合适的服装类型和基本要求。

表 4-1　　　　　　　　　不同沟通场景的服装类型和基本要求

场合	服装类型	基本要求
公司例会		
运动场		
产品发布会		
宴会		
商务谈判		
面试		

2.与同学分享此次实训的感受和收获。

3.请写下你获得的启示，上传至群共享。

实训 2：联系实际

实训步骤：

1.两人一组，互相观察对方的脸型、肤色和身材。

2.根据观察结果给出着装建议。

3.请写下你获得的启示，上传至群共享。

实训拓展：

　　请把你收集的与本任务相关的案例、情景、活动等，打开活页扣，加装进来。

项目五　距离和环境语言沟通

任务一　识别个人空间和领域

任务解析

人们周围有各种各样的环境，环境也会对沟通造成一定的影响，不同环境传递给人的信息和感觉是不一样的。环境对沟通的影响主要表现为空间位置、距离和环境布置等方面。如何识别个人空间和领域对沟通的影响呢？

知识准备

一、沟通中要尊重对方的个人空间需求

许多动物对领地都非常重视，猴子、猩猩、鸟、鱼等都会以各种方式标识自己的地盘，并防备同类入侵。近年来人们发现，人类也有类似的行为习惯。如果你能了解人类对个人空间的那种微妙感觉，确保沟通双方在感觉舒适的距离范围之内，更加注意自己的言行，准确地预判对方的反应，沟通会更加顺利。

4-9　识别个人空间和领域

二、空间需求的影响因素

每个人都有个人空间的需求，人与人之间的空间距离会受到文化背景、生长地区的人口密度等因素的影响。一个人对个人空间的需求，与他所处地区的人口密度相关，比如，在人烟稀少的田园长大的人，会比在人口稠密的城市长大的人，需要更大的个人空间。

由于不同的文化背景，欧美人认为亚洲人之间是"纠缠不休""随随便便"的，而亚洲人眼里，欧美人则是"待人冷淡""不友好"的。充分体现了文化背景的差异对人们个人空间需求的影响。

三、认识距离与关系

美国人类学教授爱德华·霍尔，以西方文化背景下的中产阶级为研究对象，发

现人与人沟通时有4个层次的空间距离。这些距离以文化为导向，并由个人的态度、感受、关系所决定（如图4-3所示）。

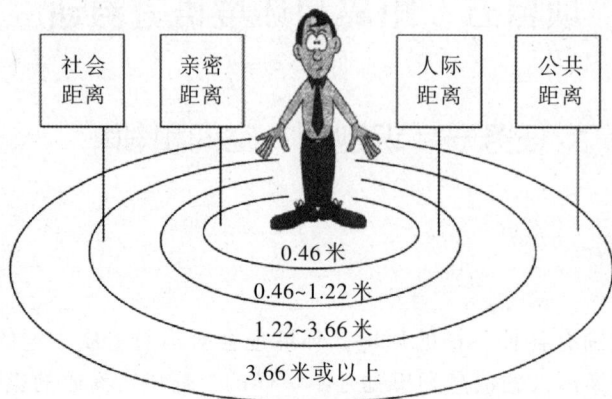

图4-3   空间距离关系示意图

最近的距离是亲密距离，这种空间始于身体接触，向外延伸约0.46米。

普通的人际距离为0.46～1.22米，是人们在进行非正式的个人交谈时最经常保持的距离。

社会距离是当对别人不是很熟悉时，最有可能保持的一种距离，为1.22～3.66米。

最远的是公共距离，由3.66米延伸至听觉距离，这一距离大多用于公众演讲，它不适合人与人之间的沟通。

▶ 要点小结

识别个人空间和领域：

· 沟通中要尊重对方的个人空间需求
· 空间需求的影响因素
· 认识距离与关系

▶ 任务实训

实训：联系实际

实训目的：

通过联系实际，进一步认识个人空间和领域对沟通的影响。

实训步骤：

1.两人一组，互相分享。

2.列举生活中你感受到的有关个人空间需求的例子。

3.请写下你获得的启示，上传至群共享。

任务二　办公环境对沟通的影响

▶ 任务解析

人们常常受到设计和陈设的影响而浑然不知。在职场，办公室的设计、房间的颜色甚至陈设都会传递不一样的信息，这些信息会给沟通带来什么样的影响？

▶ 知识准备

一、办公室的空间设计

一个好的办公环境设计，不仅要有好的设计理念，还要懂得人际关系、人际沟通。本着用设计让物质空间为沟通服务这样的设计理念，才能满足人性化的办公需求，体现对员工的信任和尊重，这样的设计才能让日常办公、沟通生活更加便捷高效，让建筑成为交流的介质，用空间创造交流的机会，让技术构建交流的渠道，从而真正实现通过设计让物质空间为沟通服务。有研究认为，开放式的办公环境设计，可以营造民主的气氛，增加同事之间的沟通和弹性，甚至可以提高员工的生产力。

4-10　办公环境的影响

二、办公室的颜色设计

研究显示，办公环境的颜色影响着员工与顾客的心理和感情。颜色是能被看见，也能被感受到的。办公室的颜色不仅仅可以是灰、白、棕等，也可以多姿多彩，既色彩丰富又协调一致，在这样的环境中工作视觉上有好感觉，心理和情绪也能得到很大的改善，对于营造良好的沟通氛围很有帮助。

三、办公室的陈设

这里主要是关于办公家具。办公桌的大小、外形以及摆放位置，都会影响主人给来访者的印象，而且能决定这个办公室沟通的开放性程度如何。通常有四种桌子的摆放方式（如图4-4所示）。

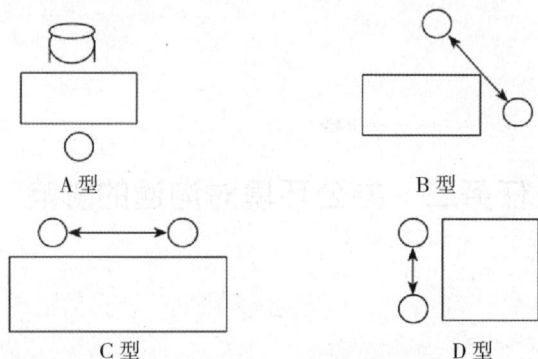

图4-4　办公桌的摆放形式示意图

A型：这是一种标准的陈设，主人坐在桌后，控制着整个办公室的空间。这种摆放位置强调权力，给来访者很少的自主性。

B型：椅子放在较为接近的位置，把成为障碍的桌子移开，使双方有更多的个人沟通。但互动关系仍是社交性的，房间拥有者仍掌握着全局。

C型：桌背型摆设，它完全去除障碍，将来访者和房间主人置于相同的地位，通常这样的安排是对关系比较密切的人沟通更加合适。

D型：椅子摆在办公室的中立位置。这是办公室中非正式的地方，可能是长沙发、长椅旁或围绕咖啡桌，或者以适当的角度来摆放椅子。这种陈设表达了一种不看重等级的观念，鼓励更为自由的交流和更为友善的会谈。

> ## 要点小结

办公环境对沟通的影响：

- 办公室空间设计的影响
- 办公室颜色设计的影响
- 办公室陈设的影响

任务实训

实训：联系实际

实训目的：

通过联系实际，进一步掌握办公环境对沟通的影响。

实训步骤：

1.两人一组，互相分享。

2.画出你所熟悉的一个办公室环境图，分析它的空间设计、颜色设计以及陈设的优点和缺点。

3.请写下你获得的启示，上传至群共享。

实训拓展：

请把你收集的与本任务相关的案例、情景、活动等，打开活页扣，加装进来。

模块四知识考核

1.（选择题）男士的正装一般是西装，衬衫是搭配西装的唯一选择，衬衫的领口和袖口与西装的领口和袖口的搭配一般是（　　　）。

A.西服袖口盖过衬衫袖口

B.西服领口遮住衬衫领口

C.西服领口与衬衫领口一样高

D.衬衫的领口和袖口要长于西服领口和袖口1~2厘米

2.（选择题）手势是一种重要的非语言沟通方式，根据其内涵不同可以分为（　　　）。

A.情意手势　　B.形象手势　　C.象征手势　　D.表演手势

3.（判断题）副语言有声音但却是非语言的。　　　　　　　　　　（　　）

4.（判断题）握手的顺序，通常是职位低的人、年龄大的人先伸手，再与之相握。　　　　　　　　　　　　　　　　　　　　　　　　　　　　　（　　）

5.（判断题）沟通主要靠语言传递大量信息，非语言所包含的信息远远小于语言所提供的信息。　　　　　　　　　　　　　　　　　　　　　　　　（　　）

模块四综合实训：案例分享

实训目的：

通过综合案例，认识非语言表达方式对沟通和形象的重要影响，增强学生对非语言沟通方式的学习和实践，提升沟通能力。

实训内容：

把中国微笑传递给世界

北京冬奥会和冬残奥会期间，志愿者在各自工作领域用饱满的热情、周到的服务为盛会的顺利举办奉献力量，弘扬奉献、友爱、互助、进步的志愿精神，让青春的风采绽放在每个场景中，把中国微笑带给了全世界。

烟花绽放的鸟巢、寒风吹彻的站台、灯火通明的主媒体中心、赛事激烈的场馆……留下了志愿者们极致温馨的服务和令人难忘的笑容。

"他们甜美的微笑让我感到温暖，我忍不住想回馈他们一些什么。然而，我什么也没有，只能送他们甜味儿的巧克力。"在冰壶赛事场馆"冰立方"工作的瑞士广播电视集团制作和技术人员塞巴斯蒂安·那奥迪恩说。他出门前，常在口袋里装几块家乡带来的巧克力，送给遇到的志愿者。

志愿者们用阳光、活力的面貌和专业、敬业的服务为本届冬奥盛会注入温暖与感动，向世界展现了中国青年一代的风采。他们的一言一行，一颦一笑，举手投足之间，让全世界知道，中国是一个礼仪之邦，中华民族是友好善良的民族。

习近平总书记在北京冬奥会、冬残奥会总结表彰大会上指出："广大志愿者用青春和奉献提供了暖心的服务，向世界展示了蓬勃向上的中国青年形象。闭环内数万名工作人员，舍家忘我、坚守数月，展现了感动人心的精神风貌和责任意识。"

资料来源：马思嘉，梁金雄，张悦姗，等．志愿者的微笑，温暖了闭环的冬天［EB/OL］.［2022-02-21］．https：//baijiahao.baidu.com/s？id=1725340687894231017&wfr=spider&for=pc，有删改．

实训步骤：

1.请思考冬奥会志愿者通过言行举止展示中国青年蓬勃向上的形象为你带来的启示。

2.如果你要参加一次面试，在非语言方面应当做好哪些沟通准备呢？

3.写下你得到的启示和面试前的非语言沟通准备，并且与同学进行分享。

模块四总结区

姓名：_____　　　　　　　　　　　　日期：_____年____月____日

提炼本模块学到的知识点和技能点（可以采用思维导图形式，下同）

分享你在本模块学习中的实践与感受

秀一下你在本模块的发现和建议（可上传至群共享）

模块五　语言沟通技能

学习目标

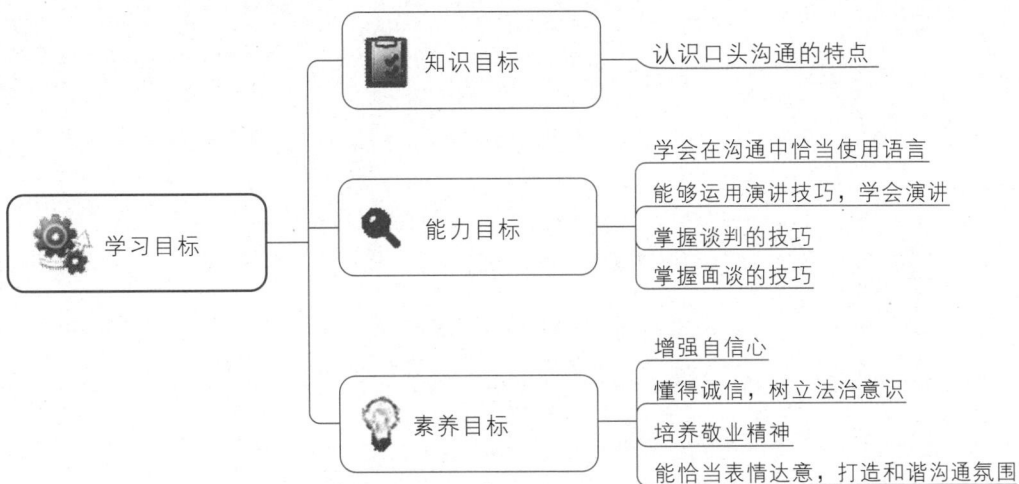

学习目标
- 知识目标 —— 认识口头沟通的特点
- 能力目标
  - 学会在沟通中恰当使用语言
  - 能够运用演讲技巧，学会演讲
  - 掌握谈判的技巧
  - 掌握面谈的技巧
- 素养目标
  - 增强自信心
  - 懂得诚信，树立法治意识
  - 培养敬业精神
  - 能恰当表情达意，打造和谐沟通氛围

【关键词】 语言沟通　表达能力　演讲技巧
谈判技巧　面谈技巧

【学习重点】 演讲中的语言使用技巧
谈判中的语言表达技巧
如何做好面谈准备
面谈的技巧

【学习难点】 演讲中的控场技巧
如何成功完成面谈

项目一　如何练就好口才发挥沟通影响力

任务一　认识口头沟通的特点

▶ 任务解析

　　伟大的精神病学家西格蒙德·弗洛伊德认为，言语是人类意识的基本工具，具有特别的力量。语言是人们建立内心世界观的主要元素之一，语言对于人们如何觉知现实、沟通中如何表达、如何反馈以及回应具有极大的影响。为了更好地发挥语言的功能，首先要认识口头沟通的特点。

▶ 知识准备

一、口头语言的有声性

　　口头沟通主要通过声音传递，人的声音可以传递很多信息，比如，可传递出一个人的健康状况、生存环境、先天禀赋、后天修养等。曾国藩在《冰鉴》中指出："辨声之法，必辨喜怒哀乐。"声音传递着人的情绪状态、反映着人的心性。同时，还可以通过声音感知节奏、依据声调判断情感及言语的准确含义等。

5-1 认识口头沟通的特点

二、口头语言的即时性

　　口头沟通张口就来，速度很快，听到便可即时反馈、回应。但也可能由于考虑不周快速出口，难以收回，导致后悔。

三、口头语言的情境性

　　口头沟通总是在一定的情境之中，语言离开情境意思可能完全不一样。在情境中沟通，双方可以很好地理解对方当下的思想和情感，有时候尽管只有只言片语，仍然可以准确理解其真实意思。

四、口头语言的复合性

复合性是指沟通中语言和非语言方式都会用到。因此，讲话者要在运用语言的同时辅以相应的表情、动作等。倾听者在听到话语的同时也要学会察言观色。

五、口头语言的多变性

口头语言由于容易受到环境、气氛、场合、心理等诸多因素的影响，因此具有多变性。口头语言要有灵活性，在对话、磋商以及演讲中常出现意想不到的情况，这就需要随机应变。

六、口头语言失真的可能性

口头语言不仅具有多变性，同时也有失真的可能性。因此，我们可能无法听到对方真实的内心，同时语言在传递中也会有信息的过滤，因过滤而失真。每个人都以自己的偏好接收和理解信息，并以自己的方式解读信息，当信息传递到终点时其内容往往与初始时有了很大的变化。

▶ 要点小结

认识口头沟通的特点：
- 口头语言的有声性
- 口头语言的即时性
- 口头语言的情境性
- 口头语言的复合性
- 口头语言的多变性
- 口头语言失真的可能性

▶ 任务实训

实训：自我对照

实训目的：

通过自我对照，了解自身当前口头表达的状况，为进一步学习提升表达能力做好准备。

实训内容：

本项目是口头表达能力自查，检查自身现有的表达状况。

实训步骤：

1.请通过下列问题对自己的表达能力进行测评。

口头表达能力测试

表达是将思考所得用语言表现出来的一种行为，是观察、记忆、思考、创造和阅读等综合运用的能力。

1.你如何表达和阐述你的观点？（　　）

A.分条列项阐述

B.重点突出，条理清楚

C.直接陈述

2.你一般采用怎样的方式表达你的观点？（　　）

A.语言文字、图像和数据并用

B.图形、数据和声音并用

C.直接用语言阐述

3.当众表达时，你一般如何把握你的声音？（　　）

A.重点突出，抑扬顿挫

B.注意控制音量

C.对麦克风进行挑选和试用

4.当众表达时，你一般如何把握你的语速？（　　）

A.语速适中

B.注意表达的节奏

C.通过停顿调节语速

5.当你进行表达时，你如何运用你的语言？（　　）

A.尽量简单精练

B.通俗表达

C.根据受众对象，使用专业术语

6.在表达时，你如何运用技巧很好地和听众进行沟通？（　　）

A.和听众保持眼神交流

B.运用手势吸引听众

C.通过幽默的话调节气氛

7.你认为如何才能让你的表达吸引听众？（　　）

A.完美的开场白

B.充满逻辑性和故事性的论述

C.你的权威性

8.当你向上级汇报工作时，你如何表达？（　　）

A.结果突出，重点解释

B.重点突出，清晰表达

C.照本宣科，宣读报告

9.当你要求同事配合你的工作时，你一般如何表达？（   ）

A.发出邀请

B.陈述同事对工作的重要性

C.直接要求同事合作

10.当你向下级分配任务时，你如何表达？（   ）

A.明确任务，并限定时间

B.说清任务，明确利益

C.传达任务，限期完成

2.请依据评分标准计算得分：

选A得3分，选B得2分，选C得1分。

3.请参考以下划分标准，进行结果评价：

24分以上，说明你的表达能力很强，请继续保持和提升。

15～24分，说明你的表达能力一般，请努力提升。

15分以下，说明你的表达能力很差，亟须提升。

任务二　如何提升语言沟通的"言值"

❯ 任务解析

语言是一门艺术，如何在沟通中恰当使用语言？如何提升语言沟通的"言值"？

❯ 知识准备

一、言之得体

言之得体意味着说话要有礼貌，要表达尊重，表示理解。得体、礼貌之言会带给对方愉快和轻松的心情，也为沟通营造和谐的氛围。同时，要使用对方能听懂的语言，如果对方听不懂我们所说的话，再多的知识和信息，再有效的方法和经验都无济于事。

5-2　如何提升语言沟通的"言值"

二、言之有序

做事讲究轻重缓急，沟通表达要求详略得当、主次分明、重点突出且符合一定的逻辑。

三、言之有物

言之有物就是沟通交流要有有效内容，避免空话、大话、口号。沟通中要明确主题、突出重点，忌长篇大论、泛泛而谈。同时，如果能提供一定的数据、事实支持观点，可以大大增强沟通的说服力。

四、言之简明

沟通语言要简洁明了。首先要保证语言的结构明晰，同时，尽量用简洁的语言表达，忌烦琐、拖拉、闲话、废话、碎话，要把事物中最本质的东西提炼出来，用最简明的语言概括出来，使语言凝重有力、意味深长。

五、言之生动

口头语言表达要具有活力，力争能感动人、感染人，尽量使语言风趣幽默，威严不可少，但是幽默感同样重要，一个不懂幽默的人很难在沟通中游刃有余。

❯ 要点小结

如何提升语言沟通的"言值"：
- 言之得体
- 言之有序
- 言之有物
- 言之简明
- 言之生动

❯ 任务实训

实训：案例分享

实训目的：

通过案例分享，进一步感受不一样的口头表达带来的效果差异，提高语言沟通能力。

实训内容：

向家庭主妇解释为什么冰箱需要除霜。

小 A：

"冷冻的原理是这样的，蒸发器从冰箱内部吸收热气，散发到冰箱外面。这时候被吸出来的热量伴随着湿气，这些湿气会附着在蒸发器上，堆起厚厚的一层霜，导致蒸发器绝热，使马达频繁工作来进行补偿。"

小 B：

"蒸发器的作用就好像吸风机一样，把冰箱里的热量都吸出去，使冰箱能够冰冻你的东西，大家在打开冰箱的时候，会发现你的冰箱放肉的那一层上结有一层霜，这些霜就是结在蒸发器上的。霜越结越厚，好像墙里用来隔热的石棉，使蒸发器和冰箱里面的空气隔开，没办法正常吸热，这样冰箱冰冻效果就越来越差，这时，马达只有不停地运转，才能确保冰箱里的冷度，但是这样会减少冰箱的寿命。为了使马达运转得慢一点，必须想办法把这些霜除去，如果冰箱里放一个自动除霜器，就可以做到这一点了。"

实训步骤：

1.请思考：小 A 和小 B 针对同一个事件的不同讲解有什么差异，哪一个更容易让对方明白并接受。

2.如果让你来做讲解，你会怎么说？

3.请写下你获得的案例启示，上传至群共享。

实训拓展：

请把你收集的与本任务相关的案例、情景、活动等，打开活页扣，加装进来。

项目二　演讲技能

任务一　做好演讲前心理和环境准备

> **任务解析**

随着信息交流不断增加，越来越多的人意识到，面对大规模群体讲话的机会日益增加。因此，演讲技能显得越来越重要。然而，演讲是需要做好一系列准备工作的。戴尔·卡耐基曾经说过："只要按照正确的方法，作周密的准备，任何人都有可能成为杰出的演讲家；反之，不论年龄多大或者经验多么丰富，如果没有适当的准备，都有可能在演讲中漏洞百出。"可见演讲准备工作的重要性。演讲前首先要做的是心理和环境的准备。

> **知识准备**

一、演讲前的心理准备

据美国的调查统计，人们把公众演讲列为仅次于死亡的第二恐怖事件。害怕当众讲话并不是个别现象，许多人面对众人讲话，都会觉得浑身不自在。有些是因为自信心不足；有些是怯场或者其他原因。因此，演讲前要增强自信心、调整情绪、做一些放松练习。比如：练习微笑、深呼吸，使用正面暗示"放松，放松"；活动身体，以释放体内因紧张而产生的多余热能；充分熟悉讲稿、多次模拟演练等，这些都可以在很大程度上缓解演讲之前的紧张感。

5-3　如何做好演讲前心理和环境准备

二、演讲前的环境准备

演讲前的环境准备既包括硬环境也包括软环境。

演讲的硬环境，主要是指房间和讲台的布局以及视听设备的配备情况。在房间的安排上，应考虑座位的安排、窗户的位置、灯光的设置等。比如，在座位安排上，一般来说，听众与演讲者的距离越近，越容易引起共鸣；半圆形布局好于传统的"教室型"布局。在灯光的设置上，要了解开关的位置，避免使用演讲者背后的灯光。在视听设备上，要检查和了解投影仪的状况和使用情况，要检查所用笔的数量、颜色等。在讲台布局上，要考虑移动空间、麦克风音量和椅子的摆放等。

　　演讲的软环境，要考虑听众的构成，一是考虑听众人数多少。人数少的时候，可以在演讲中让听众参与互动，人数多的时候就需要调整演讲方式。二是考虑听众的年龄结构，年龄结构不同，思维方式、价值观念会有差异。三是听众的受教育程度，演讲者使用的语言和词汇需适应听众的受教育水平和层次，太高或太低都会导致演讲失败。四是考虑听众的职业，了解听众的职业可以判断他们关注的主题。五是听众的性别，性别不同，关注点也会不同。总之，演讲之前要充分了解听众情况，才能提高演讲的有效性。

❯ 要点小结

做好演讲前心理和环境准备：
- •演讲前的心理准备
- •演讲前的环境准备

❯ 任务实训

实训1：联系实际

实训目的：
　　通过联系实际，认识演讲的准备工作的重要性，为成功演讲奠定基础。
实训步骤：
　　1.两人一组，互相分享。
　　2.分析一次演讲活动的准备工作，特别是环境准备方面，试着找出其优点以及需要改进的地方。
　　3.如果让你负责组织一次班级演讲活动，请思考需要做好哪些准备工作。
　　4.请写下你获得的启示，上传至群共享。

任务二　做好演讲前主题和材料准备

▶ 任务解析

演讲前的准备工作除了心理和环境准备，还有主题和材料准备。演讲的主题不仅关系到演讲者也关系到听众，演讲的材料是否丰富、是否恰当，对演讲的成败也具有决定性的影响。如何做好主题和材料准备呢？

▶ 知识准备

一、演讲的主题准备

演讲题目能鲜明地反映主题，一个新颖且富有吸引力的题目，不仅能在演讲前激发听众的欲望，而且会在演讲后给听众留下深刻的印象。题目的选定对演讲起着画龙点睛的作用。题目范围要结合演讲时间长短和听众的受教育水平、兴趣爱好，尽量选择符合听众理解水平和兴趣的题目。同时，题目尽量选择自己熟悉的或者感兴趣的。具体来说，第一，题目要富有建设性，在坚持实事求是的基础上，选择那些能给人以希望、思想积极向上、令人振奋的题目。

5-4　如何做好演讲前主题和材料准备

第二，题目要新奇、醒目，最好一下子能吸引住听众。

第三，要摒弃冗长、深奥、空泛的题目。

二、演讲材料的特点

第一，材料的丰富性。演讲要有大量翔实的支持性材料、佐证材料。

第二，材料的真实性。演讲采用的材料要真实、可信，杜绝臆造和虚构材料。

第三，材料的新颖性。演讲材料切忌老生常谈，材料要有时代性和新鲜感，特别是一些统计数据类的材料一定要注意时效性，旧的数据通常在做新旧对比的时候使用。

第四，材料的针对性。演讲材料选择必须和演讲主题密切相关。

三、演讲的材料准备

第一步，收集材料。演讲者可以通过自己的观察、调查、体验等获取材料，也可以通过阅读或从网络获取材料。对于来源于网络的资料必须核实、校对、甄别真伪。

第二步，筛选材料。并非所有的材料都能用到演讲稿中，要进行筛选，只保留那些能够支持主题、具有典型性和真实性且适合听众的材料放到演讲稿中。

第三步，使用材料。对于选中的演讲材料要进行归类，规划出哪些材料支持说明哪个问题。对于哪个材料先用、哪个材料后用，要排出一个合理的顺序。听众的注意力是有限的，超过了一定的限度，听众就会走神。因此，在材料的安排上，适当地穿插一些趣味材料，可以调节演讲的变化层次，吸引听众的注意力。另外，单纯使用一种类型的材料会使听众疲劳，因此要注意材料的多样性。除此之外，能增强材料影响力和演讲效果的视听辅助设备也都要提前做好准备。

▶ 要点小结

做好演讲前主题和材料准备：

- 演讲的主题准备
- 演讲材料的特点
- 演讲的材料准备

▶ 任务实训

实训：案例分享

实训目的：

通过案例分享，进一步认识演讲准备工作的重要性，提高演讲能力。

实训内容：

赢在题目

　　小 A 被邀请在一个大型的健康研讨会上做 10 分钟的演讲，他确定的大致方向是自己一直比较感兴趣的有关婴儿死亡率的问题。通过到图书馆查资料，他觉得题目太大，而且演讲时间只有 10 分钟，因此必须把题目进一步缩小。在查资料的过程中，他发现一些年轻妇女用婴儿配方食品代替母乳喂养，这对婴儿的健康会有一定的影响，从而增加婴儿死亡率。所以最终他把题目确定为《婴儿配方食品对婴儿健康和死亡率的影响》。因为他的演讲题目选择恰当，演讲取得了非常好的效果。

实训步骤：

　　1. 请思考：小 A 在演讲材料的准备过程中，认识上经过了怎样的变化。

　　2. 在演讲活动中，你是如何做好材料的准备工作的？

　　3. 请写下你获得的案例启示，上传至群共享。

任务三　如何安排演讲结构

> **任务解析**

　　合理的结构安排是一个演讲成功的基础。只要精心安排演讲结构，对于如何巧妙开场，怎样铺垫、承接，何处为主，何处为辅，如何精彩结尾等了然于胸，就能做到演讲思路清晰、中心突出、首尾照应、浑然一体。古希腊著名演说家科拉克斯提出："一个完整的演讲结构包括开场白、正文、结尾三个部分。"如何合理地安排演讲结构呢？

▶ 知识准备

一、演讲开场白的设计

常言道，良好的开端是成功的一半。巧妙的开场可以使演讲者迅速与听众建立亲善友好的关系，一下子把听众的注意力聚焦到演讲的当下。常用的有效开场方式有以下几种：

5-5　如何
安排演讲
结构

①直白式开场，也就是在开场白中直接表述演讲的主题是什么，哪些方面比较重要，听众听了之后会有怎样的收获。

②提问式开场，是在开场白中针对演讲主题设置一些问题，一开始就把听众注意力集中起来。提问式开场通常自问自答，引导听众在不知不觉中进入正题。

③以听众熟知的内容开场。人们总是对自己熟悉的东西感兴趣，总是喜欢与自己有关的人、事、物，因此，用听众熟知的内容开场可以引起听众的兴趣。

④以故事开场。演讲开场可以先讲一个与主题有关的小故事，这样既抓住了听众的注意力，又能调节演讲现场的气氛，自然引出演讲的主题。

总之，演讲开场方式因主题和个人风格而异，以快速吸引听众注意力且激发听众兴趣为宜。

二、演讲正文阐述

正文是演讲的主体部分，演讲质量的好坏，论题是否令人信服，都取决于正文的阐述。正文内容的安排要做到紧扣主题、重点突出、层次清晰。首先，可以以目录或者提纲的形式，帮助听众预览演讲的主要论点。其次，在正文的组织上要阐明主要观点，要限制论点的数量，论点数量一般3~5个，太多听众不易领会且容易忘记，在一个小论点结束后，最好要做阶段性的小结，演讲的每个观点最好提纲性地归纳一下，让听众有机会简单整理你的观点。

三、做好演讲收尾

俗话说，"编筐编篓，难在收口"。一个成功的演讲结尾，能够令人产生言已尽而意无穷的感觉，给听众留下深刻的印象。结尾的方式很多，可以提出问题令人深思，可以深化主题加深认识，可以总结观点揭示主题，也可以激励士气促使行动，或者抒发感情感染情绪，或者通过幽默的段子赢得笑容等。

演讲结尾和开头一样，并没有什么固定的模式，但成功的结尾至少要达到使听众把握演讲的主题、明晰解说的事项并为听众提供行动动力的目标。总之，一个好的演讲结尾可以做总结，可以首尾呼应，也可强调听众的好处。

要点小结

如何安排演讲结构：
- 演讲开场白的设计
- 演讲正文阐述
- 做好演讲收尾

任务实训

实训：联系实际

实训目的：

通过联系实际，写一篇演讲稿，重点把握演讲的结构安排。

实训步骤：

1. 分析一次成功演讲的讲稿结构，并说明其特点。

2. 题目自拟，写一篇3分钟的演讲稿在班级演讲。

3. 请写下你获得的启示，上传至群共享。

任务四　演讲中有声语言表达技巧

▶ 任务解析

语言是连接演讲者和听众的桥梁，演讲主要依靠有声语言传达思想情感和有关信息，演讲者的语言以及声音的高低、节奏的快慢都是其表达信息的组成部分。通常听众对演讲者的不满，可能与演讲者的声音模糊、语速太快或者讲话烦琐、内容空洞等有关。有声语言的使用有哪些技巧？

▶ 知识准备

一、发声技巧

声音是一种强有力的沟通手段，口头沟通具有有声性的特点，一口字正腔圆的标准口语是确保演讲成功的重要条件。演讲者要保证在演讲中声音洪亮，使每个角落的听众都能听得见。同时注意把握语速，一般情况，人在情绪激动时，语速会受情绪的变化而加快；当情绪低沉、哀伤时，语速又会相应地放慢，给听众留下一个积淀和思索的过程。让你的声音伴随着感情而变化，会使你的演讲更加充满活力与朝气。

5-6　有声
语言表达
技巧

二、用语技巧

语言准确、精练是演讲用语的基本要求。准确，就是要用语言确切表述所讲述的对象，避免发生歧义或引起误解。精练，就是要用最少的字句表达最丰富的内容，尽量避免使用长句和复杂的句子。另外，语言还要通俗易懂，尽量避免使用过于专业的术语。亚里士多德曾有一句忠言："思维如智者，说话如常人。"特别是要根据听众去调节用语，让人听明白是沟通的目的所在，也是对演讲的要求。

三、重音技巧

重音在演讲中占有重要的位置，演讲中的重要内容可以突出强调某一字、词或句，以满足表情达意的需要。重音的处理方式在于咬字的音量和力度。一般来说，重音要读得比其他音节重一些，不同的重音位置会表达出不同的意思。重音位置一定要准确，表达意思才能准确，演讲中要巧用重音。

四、语气、语调技巧

语气、语调在演讲中不仅可以表达丰富的感情色彩，而且对于充分表现语言的生动性和准确性非常重要，如果语气、语调缺少变化，可能语言表达就毫无趣味，听众容易失去兴趣，因此要用语调体现出节奏和抑扬顿挫、轻重缓急的对比关系，让听众感受不同的节奏并与节奏同步。不同的语调还可以表达不同的情感。一般而言，陈述句、祈使句、感叹句都是降调，表示肯定和命令；疑问句是升调，表示疑问和反思。在演讲中，语气、语调要随着演讲所传递的信息和情感的不同而灵活变化。

五、停顿技巧

停顿在演讲中经常使用，有时停顿能够给听众一段整理思路、体会情感的时间；有时停顿能使演讲内容的展开与推进具有层次性；有时停顿具有设问和暗示的作用；有时停顿又能引起听众的好奇和注意，激发听众兴趣。一般情况下，停顿有语法停顿、逻辑停顿、心理停顿等。

▶ 要点小结

演讲中有声语言表达技巧：

- 发声技巧
- 用语技巧
- 重音技巧
- 语气、语调技巧
- 停顿技巧

▶ 任务实训

实训：联系实际

实训目的：

通过联系实际，体会沟通中有声语言变化带来的不同感受；通过班级演讲活动实践，重点学习演讲中有声语言的使用技巧，提高口头沟通表达能力。

实训步骤：

1.根据给定的素材，两人一组，互相练习。

2.请读以下素材，体会不同重音的表达效果差异。

- 明大公司准备进一批二手笔记本电脑。（不是今天）
- 明天公司准备进一批二手笔记本电脑。（强调是本公司）

• 明天公司准备进一批二手笔记本电脑。（不是两批或三批）

• 明天公司准备进一批二手笔记本电脑。（不是新电脑）

3.请读以下素材，体会不同语气语调的表达效果差异。

• 那个客户走了吗？（高兴。可能因为不好对付，终于打发走了。）

• 那个客户走了吗？（惋惜。可能因为自己迟到，没有赶上见一面。）

• 那个客户走了吗？（质疑。他怎么不等我回来就走了呢？）

• 那个客户走了吗？（愤怒。你们怎么不留住他呢？）

• 那个客户走了吗？（平淡。走了就走了吧。）

任务五　演讲中体态语言表达技巧

▶ 任务解析

　　有句话说："演讲如果能让聋人看得懂，那演讲之技精矣！"一个好的演讲，体态语言的恰当使用和有声语言一样重要。体态语言主要是配合有声语言，更加生动、形象地表达演讲者的思想和感情，通常包括一个人的表情、眼神、手势、姿态、动作等。使用体态语言有哪些技巧？

▶ 知识准备

一、表情要自然

　　罗曼·罗兰说："面部表情是多少世纪培养成功的语言，是比嘴里讲的更复杂千百倍的语言。"演说者的脸是听众最关注的地方，演讲者的表情要自然并充满自信，能够用表情激发听众产生情绪共鸣。表情切忌过于夸张、矫揉造作、自作多情。

5-7　体态语言表达技巧

二、眼神要灵活

　　人脸上最有表现力的地方是眼睛，演讲中要与听众保持目光接触和交流，演讲者要通过眼神把自己的心理变化、学识、性格，甚至品德、审美等毫不掩饰地传递给听众，听众通过你的眼神变化来感知你的思想和情感。

三、手势要大方

手势是体态语言中重要的表达手段，不同的手势表达不同的情感。手势的幅度、方向只要与演讲的内容、演讲者的情感以及现场气氛协调一致就可以了。不同风格以及不同习惯的人，表现方式会有一定的差异。注意不能重复使用一种手势，会让人产生枯燥、单调的感觉。同时，演讲者切忌抓耳挠腮，更不能用食指指向听众。根据演讲的内容和情感自然流露，大大方方就是最好的。

四、站姿要端庄

演讲中优雅的站姿令人赏心悦目。脚跟站稳、昂首挺胸，表现出良好的精神面貌，给听众自信满满的感觉。也可以进行自然的身体移动，移动不宜过于频繁，移动速度也不宜过快，以免干扰听众的倾听。如果演讲时间较长也可以选择坐姿。无论采用哪种姿势，都应尽量避免过多的、无意义的和过于夸张的动作。

五、着装要得体

在演讲开始之前，听众最先看到的是一个人的仪表。得体的服饰，优雅的仪态，能够博得听众的好感，为演讲做好铺垫。演讲者穿与演讲的内容、氛围、时令以及演讲者的年龄相符的服装，能够增添演讲的色彩。避免穿着紧身或者太厚实的服装；避免穿着分散听众注意力的服装。

▶ 要点小结

演讲中体态语言表达技巧：

- 表情要自然
- 眼神要灵活
- 手势要大方
- 站姿要端庄
- 着装要得体

▶ 任务实训

实训：联系实际

实训目的：

通过联系实际，开展一次班级演讲活动，重点学习演讲中体态语言的使用技巧，提高口头沟通表达能力。

实训步骤：

1.以身边的感人故事自拟题目。

2.在班级试讲，这次重点关注体态语言的使用技巧。

3.开展班级演讲活动。由学生代表作为评判员与老师一起，参照打分标准（见177页的表5-1），给每位演讲者打分。

4.教师对整个活动总结点评，提出改进建议，为下一次演讲活动做准备。

任务六　演讲中如何控场

▶ 任务解析

尽管演讲之前做了充分的准备，但是由于演讲环境复杂多变、听众构成不一，甚至演讲者自身会有失误，演讲随时可能出现意外。为了取得良好的演讲效果，如何通过控场减少演讲中意外带来的不良影响？

▶ 知识准备

一、时间紧张的处理技巧

演讲中内容多、时间少怎么办？最好的处理方式，就是在保持演讲稿体系完整的情况下，删掉多余的事例和详细的论证分析，用简练的语言进行概括。

5-8 演讲中如何控场

二、突然忘词的处理技巧

演讲中出现记忆中断突然忘词的情况怎么办？可以使用解释衔接法，也就是对刚才讲的内容加以解释、举例说明等；或者用重复衔接法，重复一下刚才说过的话，在解释或者重复的过程中，大脑快速唤起、寻找对原有内容的记忆；或者用跳跃衔接法，即直接跳到后一部分，讲的过程中想起来再对忘掉的内容加以补充，如果确实回忆不起来，就使用概括的语言替代，如果回忆不起来其中的某一点，通过"对于这个问题我们还可以从其他的方面进行论述，限于时间关系，在此就不一一详述了"来加以掩饰也是可以的。

三、讲话失误的处理技巧

当演讲时不小心出现读错字、说错话的情况怎么办？如果不明显，可以一带而过，弱化它。如果是很严重的错误，那就马上纠正，对于词汇的错误，最好的方式就是放慢语速把正确的重新说一遍；对于语句错误，可以采用反问法加以掩饰。

四、遭遇干扰的处理技巧

在演讲中如果遭遇干扰怎么办？如果场外有噪声干扰，可以稍作停顿，等噪声消失之后再讲。如果场内听众干扰或者不配合，比如，听众在下面窃窃私语，演讲者要迅速冷静分析可能的原因，根据实际情况调整演讲内容或者演讲方式，把听众的注意力拉回来。有的时候也可以稍作停顿，用眼神示意制止。

❯ 要点小结

演讲中如何控场：
- •时间紧张的处理技巧
- •突然忘词的处理技巧
- •讲话失误的处理技巧
- •遭遇干扰的处理技巧

❯ 任务实训

实训：联系实际

实训目的：

通过联系实际，综合使用演讲中的各种技巧，提高表达能力。

实训步骤：

1.根据以下参考素材自选内容，也可自定题目自选内容，在班级完成一次即兴演讲。

2.参考素材：

（1）请一位你熟悉的老师给大家讲课，你在上课之前对该老师做个引荐发言（时间2分钟）。

（2）你所在的班级在全校的歌咏比赛中获得了团体第一名，现在要给歌咏队队员颁奖，请你致颁奖词（时间2分钟）。

（3）你有一个打算或计划，希望能够得到领导的支持，请你向领导做个口头报告（时间2分钟）。

（4）现在有一个团队要到你所在的班级参观，请你致简短而诚挚的欢迎词（时间2分钟）。

实训拓展：

请把你收集的与本任务相关的案例、情景、活动等，打开活页扣，加装进来。

项目三 谈判技能

任务一 如何做好谈判准备

▶ 任务解析

谈判是有关组织或者个人对涉及切身利益的分歧和冲突进行反复磋商，寻求解决途径和达成协议来满足各自需要的沟通协调活动。谈判在工作和生活中非常普遍，人们几乎每天都在谈判，职场的任何商务活动都离不开沟通，谈判是典型的沟通活动，是一种从不平衡到平衡，从无序转为有序的过程。《礼记·中庸》中讲道："凡事预则立，不预则废。"谈判之前要做好哪些准备工作呢？

▶ 知识准备

一、确定谈判目标

谈判的最高目标是指在谈判中可获得的最佳效果，最高目标是努力目标，最低目标就是谈判者让步的最大限度，是底线。最高目标和最低目标之间的差距就是谈判者的让步范围。

5-9 如何做好谈判准备

二、收集谈判信息

知己知彼才能百战不殆。谈判前必须广泛收集资料，摸清对方的虚实，才能选择相应的谈判策略，才能有针对性地制订相应的谈判计划和方案。谁掌握了重要信息，谁就掌握了谈判的主动权，就有可能赢得谈判。资料收集要尽可能详尽准确，对症下药制定相应对策。

三、制订谈判计划

谈判前要制订周密的谈判计划，使参加谈判人员做到心中有数。在谈判计划中，根据谈判的准备情况、谈判议题的多少和重要性、谈判对手的情况确定谈判时间和地点。谈判的地点，一般选择自己的"领地"比较有利，重要的谈判就需要选择一个中立的地方。最关键的是要确定谈判策略，常见的谈判策略包括：谈判计划；谈判方法；使用简单易懂的语言；多提问，并保持眼观耳听；适当让步，保持耐心等。

四、组建谈判团队

谈判的成效很大程度上取决于谈判人员的主观能动性和创造性，谈判人员的选择需要慎重。除了谈判人员的个人素质外，配备优秀的谈判团队以及明确谈判分工也是保证谈判效果的必要条件。

❯ 要点小结

如何做好谈判准备：
- 确定谈判目标
- 收集谈判信息
- 制订谈判计划
- 组建谈判团队

❯ 任务实训

实训目的：

通过案例分享，进一步认识谈判前准备工作的重要性；通过联系实际，明白谈判与生活不可分割，为进一步学习谈判技巧做好准备。

实训1：案例分享

实训内容：

不打无准备的仗

中方某冶金公司想要从美方购买一套先进的组合炉，派出一名高级工程师与美方代表谈判，为了不负使命，这位高级工程师做了充分的准备工作，查找了大量有关冶炼组合炉的资料，并花了一定的时间对国际市场上组合炉的行情以及这家美方公司的历史和现状、经营情况等了解得一清二楚。

在谈判过程中，美方报价230万美元，经过一番讨价还价，压到130万美元，中方依然不同意，坚持出价100万美元，美方表示不愿意继续谈下去了，并责怪中方没有诚意，决定不再谈了，随即离去。中方公司其他人有些着急，并埋怨高级工程师不该抠得太紧。高级工程师淡定回应："放心吧，他们还会回来的。同样的设备，去年他们卖给法国只有95万美元，国际市场上这种设备的价格正常就是100万美元。"果然不出所料，一个星期后美方代表又回来继续谈判了，最终以101万美元的价格达成了这笔交易。

实训步骤：

　　1.请思考中方取得这次谈判成功的原因有哪些。

　　2.请写下你获得的案例启示，上传至群共享。

实训2：联系实际

实训步骤：

　　1.两人一组，互相分享。

　　2.请列举生活中的谈判例子，比如：买东西和老板讨价还价等。

　　3.请写下你获得的启示，上传至群共享。

任务二　谈判语言使用原则

▶ 任务解析

　　语言是人类沟通思想、交流情感的工具，语言交流是谈判最基本的方式。谈判语言使用需要遵循哪些原则？

▶ 知识准备

一、客观性原则

　　谈判中在表达思想、传递信息时，必须以客观事实为依据，并且运用恰当的语言，向对方提供令人信服的依据。比如，对供给方来说，介绍企业情况要真实，介绍商品性能、质量要恰如其分；对需求方来说，评价对方商品的质量、性能要中肯，还价要充满诚意，如果提出压价要求，理由要有充分根据。

5-10 谈判语言使用原则

二、针对性原则

　　谈判时要始终围绕主题来交流，始终聚焦目标。同时根据谈判的对手不同、目的不同、阶段不同、要求不同，使用不同的语言。不同的谈判对象，其身份、性格、态度、年龄、性别等均不同，在谈判时，这些差异研究得越细，洽谈效果就越好。

三、逻辑性原则

　　谈判中使用的语言要准确、严密、具有一定说服力。在商务谈判中，逻辑性反映在问题的陈述、提问、回答、辩论、说服等方面。提问同时要注意察言观色、有的放矢，要注意和谈判议题紧密结合在一起。回答时要切题，不能答非所问。同时，还要善于利用谈判对手在语言逻辑上的混乱和漏洞，及时驳倒对手，增强自身语言的说服力。

四、规范性原则

　　谈判中使用的语言要具有一定的专业性，要文明规范，要符合商界的特点和职业道德要求。如果是涉外谈判，要避免使用意识形态分歧大的语言。谈判语言还应当准确、严谨，特别是在讨价还价等关键时刻，更要注意一言一语的准确性。

▶ 要点小结

谈判语言使用原则：
- 客观性原则
- 针对性原则
- 逻辑性原则
- 规范性原则

▶ 任务实训

实训：情景模拟

实训目的：

掌握谈判语言使用的规范和要求，为学习谈判技能做好准备。

实训内容：

超市入场谈判

乳品企业A是某省会城市的一家小型企业，成立不久，与邻省一家乳品企业B合作生产袋装牛奶。乳品企业A拥有自己的牌子，提供包装，乳品企业B为乳品企业A进行加工。由于乳品企业B的牛奶在邻省同类产品中销售很好，质量和口感都很不错，乳品企业A提供的牛奶包装设计和材质在同类产品中也是很好的，因此乳品企业A的品牌产品具有一定的竞争力。

乳品企业A决定在中秋节正式上市，同时在节日展开大规模的促销活动，在此之前，乳品企业A计划完成5家超市的入场谈判。

M超市是一家地方性连锁超市，网点数量多，是乳品企业A首选的合作洽谈对象。

乳品企业A的销售部经理与M超市采购部部长约好了谈判时间，双方将就价格、入场、促销、借款等问题进行谈判。

资料来源：作者根据有关资料整理而成。

实训步骤：

1. 教师对学生进行分组，学生做好角色分配。
2. 在小组内进行充分沟通，双方各自做好谈判前的准备工作。
3. 模拟谈判，尤其注意对谈判语言的使用。
4. 写下此次谈判实训的感受和收获，并且与同学进行分享。

任务三 谈判语言表达技巧

任务解析

　　谈判是语言使用的艺术，语言就像一把打开谈判大门的钥匙，没有它将永远无法体会到谈判的要义。谈判中的语言表达技巧主要从谈判中如何提问、如何回答、如何陈述等方面表现出来。

知识准备

一、谈判中的提问技巧

　　有人说，谈判中提问的水平就是谈判的水平。那如何提问？

　　第一，精心准备。谈判桌上无废话，提问心中有主张。谈判之前一定要做足功课，要随时换位思考，才可能见招拆招。

　　第二，掌握提问的时机。一般在对方发言完毕之后提问，或者在对方发言停顿、间歇时提问；通常采取先易后难的提问方式。

5-11 谈判中的表达技巧

　　第三，注意提问的方式。要注意提问语气和语速，注意控制情绪，要给对方留足答复的时间。

二、谈判中的回答技巧

　　谈判中的回答并不是一件容易的事情，回答者会面临一定的精神压力。那如何回答？

第一，精心准备。与提问一样，要预先估计对方可能提出的问题，并精心准备，准备的时间越长，所作出的回答可能会越好。

第二，一般不宜彻底回答对方的提问。要将答复的范围缩小，比如，对方如果问你的产品质量如何，你可以不必详细介绍所有的质量指标，只需回答其中某几个主要的指标，给对方留下质量很好的印象就可以了，或者不正面答复。

第三，一般不宜确定地回答对方的提问。对于不便确切答复的问题，谈判者可以采取含糊其词、模棱两可的方法作出回答，或者转移话题，把问题焦点转移到对自己有利的议题上。如果问题很难回答或者是个非常关键的问题，谈判者可以不急于答复，可以适当拖延答复，认真思考再作出回答。如果有些问题与谈判主题无关，可以委婉地拒绝不予回答。

三、谈判中的陈述技巧

谈判开局后双方要对自己观点进行陈述，这也是影响谈判效果的重要一环。陈述的目的是让对方明白自己的意图，要以诚挚、轻松的方式进行。如何陈述？

第一，对方陈述时，要认真倾听。一方面表示对对方的尊重，同时有利于弄清对方的意图。即使对方的陈述与自己的观点差距甚远，也尽量不要当场打断对方，待对方陈述完毕后再进行反驳与辩论。

第二，陈述中要注意语言丰富、灵活、富有弹性。对于不同的对手，应使用不同的语言。尽量把否定性的陈述以肯定的形式表达出来。比如可以说，"这个我再考虑一下""我需要向领导汇报一下"等。

第三，如果谈判出现僵局，需要表明自己立场时，避免指责对方。可以说"在目前的情况下，我们最多只能做到这一步了"。多用"我""我们"，少用"你""你们"。

▶ 要点小结

谈判语言表达技巧：
- •谈判中的提问技巧
- •谈判中的回答技巧
- •谈判中的陈述技巧

▶ 任务实训

实训：案例分享

实训目的：
体会谈判中不同的语言技巧，学会恰当提问和回答。

实训内容:

招聘谈薪

有位老板想付 20 万年薪雇佣李先生在他的公司任职,李先生提出了 25 万年薪的要求。在商谈中,老板并没有说"最多 20 万,不能再多了,是否接受你考虑一下",因为他知道这样的表达很生硬,也容易伤人。老板说:"李先生,你很优秀,你应该得到你所要求的,在我看来,这很合理。只是在我公司,这个级别能提供的薪酬在 18 万到 20 万之间,我给到你的是这个级别薪酬的上限。"李先生听后,回应道:"那就 20 万吧。"

资料来源:作者根据有关资料整理而成。

实训步骤:

1. 请思考该案例中的老板在薪酬商谈过程中使用了什么样的语言技巧。

2. 如果你是老板,在这种情况下,你会怎么谈?如果你是李先生,你又会怎么回应?

3. 请写下该案例带给你的启示,并与同学进行分享。

任务四   谈判中如何把握非语言信息

任务解析

谈判中能否恰当使用非语言方式传递信息,能否敏锐地把握对方的非语言信息,了解对方的真实意图和情绪,关乎谈判的成败。这些非语言信息通常从谈判者的服饰、谈吐和举止等反映出来。

知识准备

一、谈判者的服饰要整洁、挺括

谈判双方接触的第一个感性认识就是从服饰仪表开始的。着装整洁、挺括，仪表大方，给人一种认真、严肃和信心十足的感觉。切忌蓬头垢面、不修边幅或者服饰过分华丽、新奇，防止过分吸引谈判对手对仪容仪表的注意，有碍谈判的正常进行。

5-12 谈判中如何把握非语言信息

二、谈吐要大方、简练

谈判人员的谈吐要大方，语言、仪态不能有傲慢之举，不能表现得急于求成，谈话要讲究分寸。成功的谈判者在谈判过程中语言逻辑严密，有说服力，同时能够恰当使用表情、语音、语调和节奏等来加强沟通效果。比如：人的面部表情十分微妙、复杂，如果看到对方嘴角上扬，表明对方的兴趣已经被调动起来了；如果嘴角半开半闭，表明他将与你一起讨论问题；如果对方眼睛眯起并变细，这是对方在思考的表现，表明对方不仅在专注地听，而且大脑在不停地思考；如果对方频频眨眼，表明有点不耐烦了；而如果对方眨眼次数减少，表明已经被你的话吸引了等。

三、谈判者要善于观察对方的动作，并读懂其背后的含义

在谈判过程中，人们的举手投足都表达了特定的态度和含义，谈判者的情绪可以通过一些动作来反映。比如，对方用手指敲桌子，可能是急了或者生气了；不停地抖脚，可能是对方已经不耐烦了。再比如，对方身体前倾，可能表示对谈话内容比较感兴趣或者试图听得更仔细一些。

要点小结

谈判中如何把握非语言信息：
- 谈判者的服饰要整洁、挺括
- 谈吐要大方、简练
- 谈判者要善于观察对方的动作，并读懂其背后的含义

任务实训

实训：联系实际

实训目的：

通过联系实际，认识非语言信息在谈判中的作用，为在谈判中使用非语言信息

做好准备。

实训步骤：

　　1.分析以下谈判中的非语言信息，并分析其所表明的意义。

　　（1）谈判中对方身体向前倾。

　　（2）对方握手、松手，重复一些无意义的动作。

　　（3）对方突然用手敲桌子。

　　（4）对方不停地抖脚。

　　（5）对方发出"哼"声。

　　2.两人一组，互相分享。

　　3.请写下你获得的启示，上传至群共享。

实训拓展：

　　请把你收集的与本任务相关的案例、情景、活动等，打开活页扣，加装进来。

项目四 职场面谈技能

任务一 面谈准备的"5W1H"

▶ 任务解析

面谈是一种面对面的口头沟通方式，是人们工作和生活中几乎每天都要做的事情，应用非常普遍。职场面谈是每一个职业人绕不过去的内容，面谈之前要做好哪些准备？职场面谈的"5W1H"包括哪些要素？

▶ 知识准备

一、明确面谈的目的及理由——为什么谈（Why）

一个成功的面谈要有明确的目的。面谈之前首先问自己一个问题："为什么要谈，目的是什么？"面谈的目的通常包括：

第一，传播信息。比如教师与学生的面谈、新闻记者与采访对象的面谈等。

5-13 面谈前要做好哪些准备

第二，寻求信念和行为的改变。比如产品推销、训导或劝告、绩效评估等。

第三，解决问题或提出对策。比如招聘面试等。

第四，探求与发现新信息。比如社会调查、市场调研、学术讨论等。

总之，无论是哪种目的的面谈，在考虑面谈所要解决问题的基础上，还要注意处理好与面谈对象之间的关系。

二、了解面谈的对象及其特征——和谁谈（Who）

面谈可以是一对一，也可以是一对多，了解面谈对象是什么样的人，他可能的反应会是什么，是否能提供你希望得到的信息，他参与面谈的能力如何，你们之间能不能谈开，他的职位如何，你们是什么关系，他对你是否有偏见等。

三、确定面谈的具体时间——何时谈（When）

面谈时间的确定比较简单，要确切到具体哪天以及具体的时间点，同时考虑这样的时间是否可保证给予自己和对方充分的时间准备。

四、确定面谈的地点——何处谈（Where）

确定面谈地点，是在办公室还是其他地方，考虑这个地方会不会有什么干扰等，面谈的地点会对面谈的气氛和结果产生较大的影响，究竟选择什么样的环境取决于面谈的目标。

五、设计好面谈问题，安排好面谈结构——谈什么（What）

确定面谈的主题和问题。有效的面谈，需要设计好问题以鼓励信息共享，问题来源于面谈的目的，在准备问题时，要根据面谈对象的特点组织语言，使用对方能听懂的话，准确传达信息。确定具体的问题设计，是采用开放式的问题还是封闭式的问题，不同类型的问题可以达到的效果是不同的。当问题设计好之后，还要确定面谈内容的结构，比如问题的顺序安排、如何很好地过渡、如何有机地结合等。

六、选择面谈的方式——如何谈（How）

要注意面谈方式的选择，是以友好的方式开始还是直接进入主题？先问一般性问题还是具体的问题？如何倾听和反馈？面谈对象可能提出什么异议吗？每次面谈尽管做了一定的准备，但是也有可能遇到从未有过的问题，因此需要尽可能地做好充分的准备。好的面谈者从来都不是天生的，只要我们掌握一定的技巧，不断训练和实践，就会有比较理想的结果。

> 要点小结

面谈准备的"5W1H"：
- 明确面谈的目的及理由——为什么谈（Why）
- 了解面谈的对象及其特征——和谁谈（Who）
- 确定面谈的具体时间——何时谈（When）
- 确定面谈的地点——何处谈（Where）
- 设计好面谈问题，安排好面谈结构——谈什么（What）
- 选择面谈的方式——如何谈（How）

任务实训

实训：联系实际

实训目的：

依据本任务关于面谈准备的具体要求，联系实际思考面试的准备工作，为参加面试打下基础。

实训步骤：

1.如果你要准备参加一次面试，请问需要做好哪些准备？

2.请写下你的准备，上传至群共享。

任务二　面谈者的技巧

任务解析

面谈是一项技巧性很强的工作。通常来说，面谈者是引导沟通的人，处于主导地位，角色相对更重要一些。一个面谈者需要掌握哪些技巧呢？

▶ 知识准备

一、了解听众

面谈者应尽可能预知对方的感觉和期望，采取合适的沟通方式，拉近彼此的距离，营造良好的沟通氛围。比如，猜想对方会怎么想？对方的态度会如何？对方会期望什么形式的面谈？对方会有什么样的表现等。

5-14 面谈者的技巧

二、阐明目的

面谈者应清楚地知道面谈的目的，结合面谈的对象，灵活选择面谈如何开始和进行。

三、营造氛围

面谈者，需要营造良好的沟通氛围，使面谈对象感觉到被理解，乐意接近，愿意交谈。如何才能营造良好的面谈氛围？首先选择一个相对安静的面谈场所，尽可能不受外界的干扰，并使对方感觉安全和舒适。其次，注意说话的语气语调，面谈开始几分钟的印象对面谈影响很大，尽力在一开始传递一种好的印象。

四、恰当提问

恰当地提问、适时地转换话题是面谈者必须掌握的沟通技巧。当面谈突然卡壳，适时地提出一个好问题，不仅可以打破一时的尴尬，而且可以引导和操纵面谈的方向。

五、适时记录

面谈过程中需要做一些笔记。这样不仅可以记下一些重要信息，也可以让面谈对象感觉到被重视。如果面谈对象看到你做笔记而感到紧张，须告知原因并消除他的不安。

▶ 要点小结

面谈者的技巧：

- 了解听众
- 阐明目的
- 营造氛围
- 恰当提问
- 适时记录

❯ 任务实训

实训：联系实际

实训目的：

　　通过联系实际，进一步掌握面谈者的技巧。

实训步骤：

　　1.如果你是一名企业的招聘人员，即将要组织一次招聘面试，依据上述面谈技巧，你需要做好哪些工作？

　　2.请写下你的做法，上传至群共享。

任务三　面谈对象的技巧

❯ 任务解析

　　面谈是一个双向沟通的过程，要使面谈达到预期目的，就需要沟通双方共同努力。不仅面谈者要掌握一定的技巧，面谈对象也一样，面谈对象需要掌握的技巧有哪些？

▶ 知识准备

一、明确面谈目的

面谈对象首先需要有明确的目的，心理上、形象上都要为之做好充分的准备。特别是求职面试，须在此基础上，提前了解并熟悉用人单位的基本情况以及求职岗位的具体要求。

5-15 面谈
对象的技巧

二、合理安排时间

如果面谈时间确定下来，一定要守时。特别是求职面试，一定要提前到达面试地点。在面谈过程中，也要注意控制时间，同时注意观察面谈者是否有"时间已到"的提醒，或者"他还有事情"等暗示，要学会察言观色，及时调整。

三、态度坦诚

面谈对象，应该采取积极配合的态度，提出自己的见解，坦诚面对，友好地参与面谈。在求职面试中，注意自身语言以及非语言信息的传递，最好让面试官读到你求职的真诚和渴望以及你的自信。

四、积极反馈

面谈过程中，积极反馈有利于双方增进了解，避免误会。面谈对象应该积极利用反馈技巧参与沟通。面谈对象可以通过反馈了解对方是否真正明白自己的意思，确认自己是否正确理解了接收到的信息等。

▶ 要点小结

面谈对象的技巧：
- 明确面谈目的
- 合理安排时间
- 态度坦诚
- 积极反馈

▶ 任务实训

实训：案例分享

实训目的：

通过案例分享，明确面谈对象的要求和责任，为成功面谈做好准备。

实训内容：

一次猝不及防的面谈

　　张静是某公司公关部主任，她的分管领导是公司副总赵颖。几天前，公司领导班子做了调整，张静本来有希望提拔进入新班子，没想到事与愿违，让刚来公司的李丽抢了机会。不仅如此，在她没有一点思想准备的情况下又得到通知，自己将要调离原部门，被调入后勤部。张静认为这一定是有人故意与她过不去，心里很不爽，于是一大早就匆匆赶到副总赵颖办公室。

　　张静："我可以进来吗？"

　　赵颖："当然，请坐，有什么事吗？"

　　张静："赵总，我在您手下干了整整五年了，我的工作业绩您是知道的，现在为什么调我到后勤部？我什么地方做得不好吗？我感到非常困惑。"

　　赵颖："这是公司发展的需要，希望你能理解！"

　　张静："我就是不理解！有几件事使我心里非常郁闷。首先是提升的事，本来不是说要提拔我吗？怎么临时有变化了？现在又调离我，这是什么意思？是存心要把我清理出门吗？"

　　赵颖："你的心情我理解。可是你也不要把问题想得太复杂了，决定是班子成员做的，我个人也无能为力。提拔的事，我想以后还会有机会的。"

　　张静："哼，还会有机会？也许吧，但我心里觉得很不公平。"

　　赵颖："张静，你这样生气也无济于事呀！岗位变动的决定是班子集体作出的，并不是像你说的有谁与你过不去。"

　　张静："是这样吗？如果不是有人在背后捣鬼，如果不是李丽有后台，她能上得去吗？"

　　赵颖："你说的有人捣鬼是什么意思？"

　　张静："你应该知道我说的是什么意思。"

　　赵颖："张静，你冷静一些，你不可以在这里说那些捕风捉影的事。"

　　张静："赵总，我要对您说的就是这个问题！有人听见李丽在背后说我的不是。"

　　赵颖："张静，请你自重一些！你怎么可以在我这里空口无凭地说别人的不是呢？公司的决定是班子集体讨论作出的，你不可以在背后随意猜测。"

实训步骤：

　　1.请思考：案例中，面谈对象是谁，面谈对象表现如何。

　　2.如果你是张静，你会如何进行面谈？

　　3.如果你是赵总，你计划怎么办？

　　4.请写下你获得的案例启示，上传至群共享。

实训拓展：

请把你收集的与本任务相关的案例、情景、活动等，打开活页扣，加装进来。

模块五知识考核

1.（选择题）一个好的演讲要做好充分的准备工作，演讲的准备通常包括（　　）。

A.心理准备　　　　B.环境准备　　　　C.材料准备　　　　D.主题准备

2.（选择题）口头沟通的特点主要有（　　）。

A.有声性　　　B.情境性　　　C.即时性　　　D.复合性　　　E.多变性

3.（判断题）在正式的商务谈判过程中如何提问，一定要精心准备，并且注意提问的时机和方式。　　　　　　　　　　　　　　　　　　　　　　　（　　）

4.（判断题）作为一个面谈者，自己做好面谈的准备工作就可以了，不用过多考虑面谈对象是什么样的人。　　　　　　　　　　　　　　　　　　　　（　　）

5.（判断题）语言的准确含义总是与一定的语境相关，因此语言一般不能脱离语境，否则可能所表达的意思会完全相反。　　　　　　　　　　　　　　（　　）

模块五综合实训：主题演讲

实训目的：

通过演讲活动，锻炼口头表达能力，学会综合运用语言、非语言技能，学会控制紧张情绪。同时，通过演讲活动，厚植爱国主义情怀。

实训内容：

在班级开展一次主题为"我与祖国同在"的演讲活动。

实训步骤：

1.结合自身所见所闻，以小见大，准备演讲材料。

2.整理材料，形成演讲稿。可制作 PPT 或者应用其他多媒体设备。

3.小组内试讲，组员间互评。评价包括演讲的全过程，如走步上台、语言表达、非语言表现、声音的运用等，根据同学所提意见和建议，反复尝试，不断纠正，逐步增强自信。

4.在全班进行正式演讲。由学生代表和老师一起组成评价小组，参考表 5-1 的内容为每位演讲者打分。

表 5-1　　　　　　　　　　　　演讲评价打分参考表

评价内容	演讲者顺序									
	1	2	3	4	5	6	7	8	9	10
内容组织（20%）										
时间把握（10%）										
语言表达（20%）										
非语言运用（30%）										
服饰仪态（10%）										
总体印象（10%）										
总分										

5.由教师对整个活动进行总结和点评，提出改进建议。

6.请写下活动感受及所获得的启示，并与同学分享。

模块五总结区

姓名：_____　　　　　　　　　　　　日期：_____年___月___日

提炼本模块学到的知识点和技能点（可以采用思维导图形式，下同）

分享你在本模块学习中的实践与感受

秀一下你在本模块的发现和建议（可上传至群共享）

模块六　人际沟通技能

学习目标

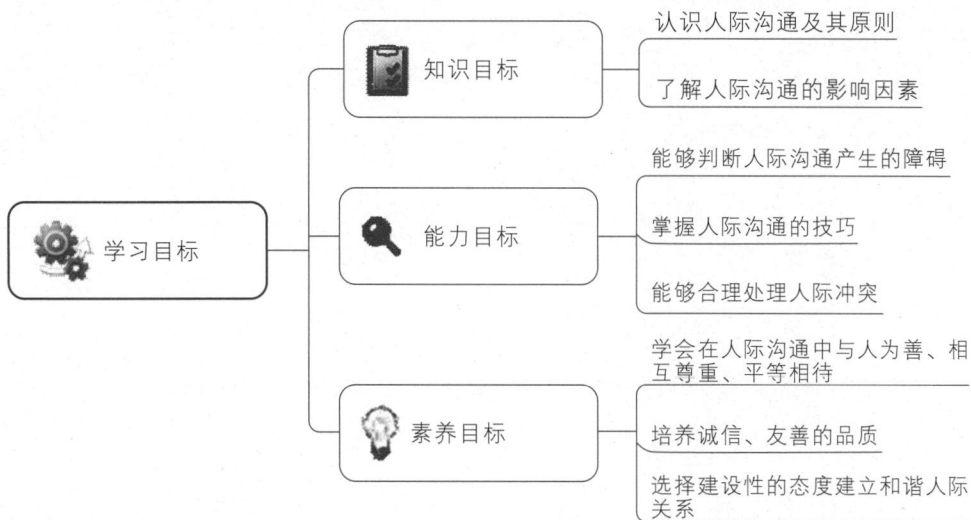

学习目标	知识目标	认识人际沟通及其原则
		了解人际沟通的影响因素
	能力目标	能够判断人际沟通产生的障碍
		掌握人际沟通的技巧
		能够合理处理人际冲突
	素养目标	学会在人际沟通中与人为善、相互尊重、平等相待
		培养诚信、友善的品质
		选择建设性的态度建立和谐人际关系

【关键词】　人际沟通　人际冲突　认知偏见
冲突因素　冲突处理

【学习重点】　认知偏见对人际沟通的影响
如何赞美他人
如何处理冲突

【学习难点】　批评他人和拒绝他人的技巧
人际冲突处理策略

项目一 认知人际沟通

任务一 认识人际沟通及其原则

❯ 任务解析

戴尔·卡耐基有句名言："一个人事业的成功15%取决于他的专业技能，85%要靠人际关系和处世技巧。"人际沟通是建立良好人际关系的基础。现代社会，人际沟通的广度和深度不仅是人们生活质量的重要体现，也是团队沟通、组织沟通的前提和基础。

❯ 知识准备

人际沟通是人与人之间进行信息传递和情感交流的过程。不同个体，由于社会文化环境的差异以及个体的需要、动机、情绪、兴趣、价值观、个性特点、知识经验等的差异，人际沟通的内容和方式会有差异，所以人际沟通具有社会性和心理性的特征。另外，人际沟通总是在一定的人际关系下进行，人际沟通的广度和深度会受到人际关系的影

6-1 认识
人际沟通及
其原则

响，俗话所说"酒逢知己千杯少，话不投机半句多"，就是这种影响的真实写照，人际沟通和人际关系相生相克。良好的人际沟通需要遵循哪些原则？

一、相互尊重的原则

美国著名的心理学家马斯洛的需求层次理论，把人的需求分为五个层级，这五种需求从低到高依次是：生理需求、安全需求、归属和爱的需求、尊重的需求、自我实现的需求。其中尊重的需求是人的高级需求，人与人在沟通中必须本着相互尊重的原则，否则不会有真正意义上的沟通，更不可能建立良好的人际关系。

二、以诚相待的原则

日本经营之神松下幸之助有句名言："伟大的事业需要一颗真诚的心与人沟通。"松下幸之助正是凭借这种真诚的人际沟通艺术，驾轻就熟于各种职业、身份、地位的客户之中，赢得了他人的信赖和敬仰。沟通最基本的心理保障是安全感，只有抱着真诚的态度与人沟通，才能使对方获得安全感，对方才会信任你。一个人可

以不善言辞，但必须真诚，真诚具有惊人的魔力，它像磁石一般具有无比强大的吸引力。

三、相互理解的原则

沟通不仅是信息的传递，更是对信息的理解和把握。相互理解是人际沟通的润滑剂，凡事如果能被理解就会变得顺畅。促进理解的最佳方式就是换位思考，在人际沟通中如果能做到常常换位思考、站在对方的角度就会避免很多误解和摩擦，也更容易达成共识。

四、与人为善的原则

第一，要宽待他人。"金无足赤，人无完人"，人与人在交往中难免有行为和语言的不当，要对别人的过失之处予以谅解和宽容。

第二，要善意表达批评。如果在沟通中发现别人的错误和缺点，只有用诚恳的语气和恰当的方法尽心规劝和说服，才能赢得别人衷心的感谢和真诚的信赖。

第三，要善于对别人进行鼓励和赞美。富兰克林始终遵循一个处事原则：不说别人的坏话，只说大家的好处。在沟通中习惯赞美和鼓励对方，可以帮助别人发现自身的价值。

❯ 要点小结

认识人际沟通及其原则：
- 相互尊重的原则
- 以诚相待的原则
- 相互理解的原则
- 与人为善的原则

❯ 任务实训

实训项目：自我对照

实训目的：

通过人际沟通能力测试，进行自我对照，了解自身状况，以便更好地进行人际沟通技能的学习和实践。

实训内容：

本项目是人际沟通能力测试，检查自身现有的人际沟通基本状况，以便更好地学习和实践。

实训步骤：

1.请通过下列问题对自身人际沟通能力进行差距测评。

（1）假如你的同事对你进行劝告或者批评，你的态度会如何？（　　）

A.很乐意接受

B.能接受一部分

C.比较抵触，难以接受

（2）假如在你非常忙碌时，你的同事请你帮忙，你会怎么做？（　　）

A.尽力而为

B.有时会推辞

C.拒绝的时候比较多

（3）假如在职场，你与下级共同谈论工作，你一般会怎么样？（　　）

A.以赞扬和鼓励为主

B.赞扬多，批评少

C.通过批评不断让其改进

（4）假如你同事的性格、生活方式等与你有很大的出入，你会如何处理？（　　）

A.很快适应，能融洽相处

B.通过沟通慢慢适应

C.很难适应

（5）当你到一个新的环境或单位时，你如何面对自己不认识的人？（　　）

A.很快就能熟悉

B.能和部分人很快熟悉起来

C.慢慢熟悉他们

（6）假如你的同事做了一件让你感到很不舒服的事情，你会如何处理？（　　）

A.沟通后能原谅他

B.能站在他的角度重新审视问题

C.敬而远之

（7）假如你在工作中遇到难题，你会如何处理？（　　）

A.喜欢向同事求助

B.在无能为力时求助同事

C.从不求助，自己解决

（8）如果你的同事取得重大成绩，你会如何表示？（　　）

A.祝贺他并愿意倾听他的经验

B.表示祝贺

C.很羡慕，希望自己也能取得

（9）假如公司里有人在背后说别人的坏话，你会如何做？（　　）

A.如果能制止，就制止他

B.绝不参与其中

C.即使听到，也不扩散

（10）如果你与客户进行沟通，你能迅速发现客户的兴趣点吗？（　　　）

A.见面的几分钟内就能发现

B.要经过一段时间的沟通才能发现

C.要通过几次沟通才能发现

2.请依据以下评分标准打分并衡量结果：

选A得3分，选B得2分，选C得1分。

结果评价：

24分以上，说明你的人际沟通能力很强，请继续保持和提升。

15～24分，说明你的人际沟通能力一般，请努力提升。

15分以下，说明你的人际沟通能力比较欠缺，亟须提升。

任务二　如何正确进行网络沟通

任务解析

随着信息技术的发展，各种社交软件拉近了人与人之间的距离，网络沟通在人际沟通中的作用越来越大，并且成为人们习惯的沟通方式。然而，不同于面对面沟通，网络沟通具有虚拟性、多样性。因此，要充分认识网络沟通的利与弊，发扬优点，规避不足，在遵循人际沟通原则的前提下，学会正确进行网络沟通。

知识准备

一、电子邮件沟通

电子邮件是一种用电子手段提供信息交换的通信方式，是互联网中应用最广的服务，其价格低、速度快、易于保存、全球畅通，极大地方便了人与人之间的沟通和交流。发送电子邮件之前，应养成检查邮件的好习惯，包括是否正确填写邮箱地址、主题是否醒目、文本语句是否通顺、有无错别字、附件是否已经添加等。

二、使用QQ工具沟通

QQ具有在线聊天、视频通话、点对点传送文件、共享文件、网络硬盘、自定义面板、QQ邮箱等多种功能，并可与多种通信终端相连。2020年，腾讯QQ电脑版更新了"群课堂""群作业"等功能，助力开展在线教学。在使用QQ工具进行人际沟通的过程中，仍应注意图文结合、有礼有节，尤其是遇到比较紧急的事情或者交流不是很顺畅的时候，适当运用QQ工具的自带表情有助于表达或者缓解尴尬的气氛。一旦发生沟通语言欠妥当的情况，QQ工具还有撤回消息的人性化设计。

三、微博沟通

微博是基于用户关系的社交媒体平台，用户可以通过PC、手机等多种终端接入，以文字、图片、视频等多媒体形式，实现信息的即时分享、传播互动。微博信息发布门槛低，传播呈裂变式。早期微博有140个字的限制，现在已经取消，但是大多数用户已经习惯了在微博上言简意赅地进行表达。

四、微信沟通

微信是腾讯公司推出的一个为智能终端提供即时通信服务的免费应用程序，可通过网络快速发送语音、视频、图片、文字等。微信提供公众平台、朋友圈、消息推送、微信支付等功能。微信沟通已经成为当前人际沟通的主流方式之一。在使用微信沟通的过程中，要注意用语礼貌、表达规范，回复尽量及时，根据沟通对象选用语气助词和表情图片。

无论采用哪一种网络沟通方式，改变的是沟通的渠道、途径和方式，不变的是人际沟通的原则。

▶ 要点小结

如何正确进行网络沟通：

- 电子邮件沟通
- 使用QQ工具沟通
- 微博沟通
- 微信沟通

❯ 任务实训

实训：联系实际

实训目的：

通过联系实际，熟练掌握并正确使用常用的网络沟通工具。

实训步骤：

1.假如你远在海外的朋友发邮件邀请你暑假到他家乡游玩，但你因为暑假的安排不能去，请你写一封邮件回复他。

2.检查自己使用QQ工具、微信聊天时语言的规范性以及对图片和视频的使用是否有不当的地方。

3.请写下你获得的启示，上传至群共享。

实训拓展：

请把你收集的与本任务相关的案例、情景、活动等，打开活页扣，加装进来。

项目二　解析人际沟通的影响因素

任务一　注意这些认知偏见对沟通的影响

▶ 任务解析

> 人的认知是有限的，同时还存在一些偏见。特别是在人际交往过程中，人们总是在一定的心理倾向作用下加工整理外部输入信息之后，形成对他人的印象，这样的印象往往带有浓厚的主观色彩，并且在很大程度上受到认知偏见的影响。常见的认知偏见有哪些？

▶ 知识准备

一、晕轮效应

晕轮效应最早是由美国哥伦比亚大学的著名心理学家爱德华·桑代克于 1920 年在他的一篇论文《心理测评中的一个常见错误》（A Constant Error in Psychological Ratings）中提出来的。从认知角度，晕轮效应是一种以偏概全的主观心理臆测，这种效应的存在，容易使人们抓住事物的个别特征，以个别推及一般，把并无内在联系的一些个性和外貌特征联系在一起，断言有这种特征必然会有另一种特征，类似盲人摸象。人们常说的一好遮百丑、爱屋及乌等，就是晕轮效应。在人际沟通中，要尽量利用这种效应的正面影响而规避它的不良影响。

6-2　注意认知偏见对沟通的影响

二、刻板印象

刻板印象就是根据某人、某事物所在的群体属性来判断某人、某事物的倾向。通常刻板印象使人们对每一类人有一套固定的看法，比如认为老年人保守，年轻人爱冲动；北方人比较豪爽，南方人善于经商；农民是质朴的，商人是精明的，等等。然而，用这种固定的看法去衡量一个具体的人未必正确。因此，刻板印象很容易造成偏见，使人戴上有色眼镜，从而影响人际沟通效果。

三、第一印象效应

根据心理学的解释，最初进入人们大脑的信息形成的表象，由于没有受到识记中前摄抑制的影响，所以比较稳固，因此第一印象很难改变。尽管这样的先入为主可能会有偏见，但是留下了什么样的第一印象，会在很大程度上影响人们后来的看法。毕竟有好的第一印象才可能更有兴趣沟通。

四、自我投射效应

自我投射是人内在心理的外在化，正所谓"以己之心度人之腹"，把自己的情感、愿望、意志、特征投射到他人身上，强加于人，认为他人也是如此。自我投射有情感投射和愿望投射两种表现。情感投射就是认为别人与自己的好恶相同，对别人进行自我同化，从而导致对他人的认知障碍；愿望投射，就是认为他人就是自己所期望的那样，把希望当成现实，从而造成交往障碍，产生猜疑心理，自己对某人有看法，就认为对方也在搞鬼，从而使关系在猜疑中恶化。在人际沟通中，我们在表达自我情感、意志的同时，要谨防自我投射效应。

▶ 要点小结

注意这些认知偏见对沟通的影响：
- 晕轮效应
- 刻板印象
- 第一印象效应
- 自我投射效应

▶ 任务实训

实训目的：

通过案例分享，进一步学习并分辨认知偏见，为良好的人际沟通做好准备；通过联系实际，感受人际沟通中认知偏见的影响，学会保持客观中立，为良好的人际沟通奠定基础。

实训1：案例分享

实训内容：

心理学实验

美国心理学家凯利以麻省理工学院两个班级的学生为对象做了一个实验。上课之前，实验者向学生宣布，临时请一位研究生来代课。接着告知学生有关这位研究生的一些情况。其中，向一班学生介绍这位研究生具有热情、勤奋、务实、果断等品质，向二班学生介绍的时候，除了将"热情"换成"冷漠"之外，其余各项都相同，也就是冷漠、勤奋、务实、果断等，但是学生们并不知道。这两种介绍所产生的不同效果是：下课之后，一班的学生与研究生一见如故，亲密攀谈；二班的学生对他却敬而远之，冷淡回避。

实训步骤：

    1.请思考案例中的实验研究反映的是哪一种认知偏见效应。

    2.请写下你获得的案例启示，上传至群共享。

实训2：联系实际

实训步骤：

    1.两人一组，互相分享。

    2.依据前述四种认知偏见，对每一种认知偏见至少举出一个例子。

    3.选择典型的生活实例，在班级进行分享。

    4.请写下你在人际沟通中将如何规避认知偏见的不良影响，上传至群共享。

任务二   人际沟通的心理影响

▶ 任务解析

人际沟通不仅会受到认知偏见的影响，同样也会受到心理因素的影响。哪些心理因素会给人际沟通带来不良影响呢？

▶ 知识准备

一、情绪因素影响

情绪是个体对客观事物是否满足自己的需要所产生的态度，可分为积极情绪和消极情绪。消极情绪会对沟通造成不良影响。比如，当人愤怒时，可能语言过激，甚至有不理智的行为，会破坏沟通的氛围以及结果；当人恐惧时，沟通状态会受到影响，可能出现言语混乱或者头脑空白，无法实现正常沟通，影响沟通效果；当人自卑时，不敢表达自己的真实意见和感受，对方就难以收到真实的沟通信息，影响判断，自然不会有好的沟通结果。自卑的人往往难以主动与人交往和沟通，甚至有时为了掩饰自卑，反而会表现为自我吹嘘、夸大其词等。

6-3 人际沟通的心理影响

二、人格因素影响

人格是人经常地、稳定地表现出来的心理特点。人格包括一个人的气质和性格特点，人格的差异会造成人际沟通的误解、矛盾和冲突，这里我们主要看性格带来的影响。瑞士的心理学家荣格把人的性格分为内向型和外向型，外向型的人通常表现为活泼乐观、积极主动、善于交流、性情急躁等；内向型的人关注内在，注重内心体验，宁静沉稳，不太喜欢主动与人交往。无论内向型还是外向型，其实各有优点也各有不足，不同性格的人在一起沟通，要注意对方的性格特点，看到并发挥优点而规避不足。未来职场，与不同性格特征的人打交道，只有互相理解、互相尊重、相互协调、相互适应，才会有比较好的沟通效果。

▶ 要点小结

人际沟通的心理影响：
- 情绪因素影响
- 人格因素影响

▶ 任务实训

实训：联系实际

实训目的：
　　通过联系实际，感受不同的心理因素对沟通的影响，学会在沟通中如何规避这些不良影响，取得良好的沟通效果。

实训步骤：
　　1.两人一组，互相分享。
　　2.列举由于情绪和人格等心理因素对沟通造成影响的生活实例。
　　3.请写下你获得的启示，上传至群共享。

任务三　人际沟通的社会和文化影响

▶ 任务解析

社会和文化是人成长和发展的软环境，因此人的成长和发展自然会受到社会和文化的影响，人们之间的沟通也必然带有社会和文化的属性。社会和文化因素究竟会给人际沟通带来哪些影响？

▶ 知识准备

一、人际沟通的文化影响

从大的方面来说，由于人们所处的社会制度不同，会带来很多观念、认知、思维的差异，这些差异都会真切地影响到沟通。

一是语言差异。语言是文化的产品，也是文化的载体。东西方语言文化有一定的差异，表达方式、表达习惯不太一样。比如，有些话在汉语中是很得体的，但是和外国人交流时，效果就完全不一样了。谦虚在中国是一种美德，西方人却更看重自信。中国人说话多讲究意会，西方人更直观。

6-4　人际沟通的社会和文化影响

二是价值观差异。西方人重利轻义，中国人更重义轻利。中国人强调整体性和综合性，西方人强调个体性。

三是思维方式差异。中国人强调"和为贵""天人合一"，西方人强调多样化的标新立异。

四是行为归因差异。西方人强调个人作用，中国人善于归因于环境和他人的作用。

文化差异不仅存在于国家之间，同一国家的不同区域之间有时也存在文化差异。比如，我国南北文化有差异，东西文化也有不同。只有正确对待文化差异，沟通之前多了解，消除心理定式，求同存异，相互适应，才能使沟通更加顺畅。

二、人际沟通的社会影响

人际沟通的社会影响可以通过社会角色和性别角色反映出来。

一是社会角色影响。人的角色不同，看问题的角度和方式就不同。比如，组织中不同层级、不同职位的人所处的位置、所担的职责不一样，看待问题、解决问题就会有不一样的角度和方式，这样就可能形成沟通障碍。

二是性别角色影响。男性和女性存在着不同的语言表达方式和习惯，因此男性和女性时常沟通方式不同，想法和感觉不同，认知和反应不同，需求不同，从而可能会产生沟通障碍。

未来走入职场，不同的人在一起工作，多一些了解、理解和尊重，就会多一些顺畅的沟通。

▶ 要点小结

人际沟通的社会和文化影响：
- 人际沟通的文化影响
- 人际沟通的社会影响

▶ 任务实训

实训：情景模拟

实训目的：

通过情景模拟，体会不同性别带来的沟通差异，学会面对差异，改善沟通效果。

实训内容：

小夫妻对话（1）

婷婷说："今天可把我累坏了，干了好多事，连休息的时间都没有。"

小强说："要我说你辞职算了，没必要这么卖命，自己喜欢干啥就干一点得了。"

婷婷说："为什么辞职呀，我挺喜欢我的工作，而且大家对我的期望还很高呢，都期待我马上作出点成绩呢！"

小强说："别听他们的，你自己想怎么着就怎么着呗。"

婷婷说："哎呀，今天我忙得居然忘记给阿姨打电话了！"

小强说："别担心，她不会在意的。"

婷婷说："你不知道，她最近遇到麻烦事了，她真的很需要我。"

小强说："你这操的心也太多了吧，老是让自己不高兴。"

婷婷生气地嚷道："谁说我老是不高兴了？你能不能让我把话说完啊！"

小强分辩道："我这不是在听吗？"

婷婷说："我简直让你烦死了！"

小夫妻对话（2）

婷婷说："今天事情真是太多了，整整一天快把我折腾坏了！"

　　小强说道："嗯嗯，亲爱的，辛苦了！我感受到了你的辛苦。"

　　婷婷说："他们都希望我越快越好，根本不管我是不是有精力做完！"

　　小强停下来，说道："哦，是吗？"

　　婷婷说："哎呀！我今天忙得居然忘记给阿姨打电话了！"

　　小强微微皱了一下眉头："是吗？你是说你忘记给阿姨打电话了吗？"

　　婷婷说："唉，我居然把这事给忘了，我真是，你知道她真的很需要我。"

　　小强说："亲爱的，你真是个热心肠，特别会替别人着想！我很欣赏你这一点。来，让我抱一抱你！"

　　婷婷感激地说："亲爱的，我感觉好多了，谢谢你能听我说这些不愉快的事情。"

实训步骤：

　　1.两人一组，分别扮演"婷婷"和"小强"，置身于实际情景中，按照以上对话内容模拟练习。

　　2.体会在两段不同的对话中内心感受的差异。

　　3.请写下你获得的启示，上传至群共享。

实训拓展：

　　请把你收集的与本任务相关的案例、情景、活动等，打开活页扣，加装进来。

项目三 人际沟通技巧

任务一 电话沟通技巧

▶ 任务解析

电话已经成为人们日常沟通的重要工具，使用电话、手机处理生活、工作中的事情已非常普遍。一个人接听和拨打电话的沟通技巧是否高明，常常会影响到他能否顺利实现沟通的目标。电话沟通虽然只闻其声不见其人，对方却可以真切感受到一个人的态度、形象，所以不可掉以轻心！

▶ 知识准备

一、拨打电话的技巧

第一，打电话之前要做好充分的准备。确定打电话的必要性，明确打电话的主要目的，厘清打电话沟通的主要内容等。

第二，选择打电话的时间。一般在对方休息、就餐或者临近下班的时候尽可能不通过打电话沟通重要内容。如果是跨国电话，还要注意计算时差。

6-5 电话
沟通技巧

第三，在打电话过程中，要有礼貌并始终保持对对方的尊重。

第四，电话中要集中精力倾听对方，养成记录的好习惯。特别是当打电话是为了从对方那里获取信息时，尤其要专注倾听。即使是向对方传递信息，也要注意通过倾听来了解对方的反应。如果对方表达的内容比较多，要养成边听边记录的好习惯。

第五，把握好通话时长。如果需要较长的通话时间，一开始需要征得对方同意，如果对方时间不允许，就另约时间，否则，过长的通话时间会让对方感觉烦躁或者耽误对方其他的事情。

二、接听电话的技巧

第一，接听要及时、友好。接通之后首先要做自我介绍，有时甚至还要报出自己所在单位的名称。如果手上有工作或者有时没有听见手机铃声而拖延了时间，自我介绍之后应向对方解释并表示歉意！另外，电话里可以听出一个人的态度和情绪，坚持用友好、热情的态度接听电话。

第二，接听电话要专注并养成随时记录的好习惯。工作中记下一些重要的信息，便于落实和行动。如果在接听过程中遇到特殊的人或事的干扰，不得不中止沟通，则要向对方说明理由，并主动约定再次通话的时间，届时主动打过去。

第三，结束通话要适时有礼。接听中如果遇到对方喋喋不休，可以找一个适当的借口适时打断对方。如果是固定电话，结束通话应轻放话筒，不可"啪"的一声扣掉电话。如果对方职位比自己高，一般等对方挂掉电话之后，自己再挂掉。

▶ 要点小结

电话沟通技巧：
- 拨打电话的技巧
- 接听电话的技巧

▶ 任务实训

实训：情景模拟

实训目的：

通过情景模拟，进一步感受接打电话的技巧，以便在工作中更好运用电话沟通。

实训内容：

无法按时供货怎么办？

A纸业公司是环球百货公司的长期供应商。小赵是A纸业公司销售部员工，老王是环球百货公司采购部经理，小李是环球百货公司采购部员工。由于天气原因，A纸业公司无法按时向环球百货公司供货。这时小赵要与环球百货公司采购部经理联系，以说明情况，接电话的是小李。

实训步骤：

1.请三位同学分别扮演小赵、老王和小李，进行电话沟通情景模拟。

2.请写下你获得的启示，上传至群共享。

任务二　如何应对电话中的特殊情况

▶ 任务解析

　　打电话时遇到特殊情况是在所难免的。这些特殊情况可能会打断你的思路、浪费你的时间、损害组织或者个人的利益。遇到这样的情况该如何处理？

▶ 知识准备

一、听不清对方的话

　　如果对方使用难以听懂的方言或者发音不准确，可以客气地反问"对不起，刚才我没有听清楚您说的，请您再说一遍好吗？"一定注意反问的方式方法，切忌简单质疑，让对方感觉不舒服。

6-6　如何应对电话中的特殊情况

二、接到打错了的电话

　　当接到打错了的电话，可以向对方重申一下：这是×××公司，您找哪儿？如果自己知道对方要找的公司电话，不妨告诉他，也许对方正是本公司的潜在客户。即使不是，热情友好的回应，也一定会让对方有好感。切忌冷冰冰或者火气十足地回应"打错了"，而后马上挂掉电话。

三、遇到自己不知道的事情

如果对方在电话中一直不停地谈论你不知道的事，多少会使你有些疑惑或者心烦。这时需要尽快理清头绪，搞清楚对方打电话的真正意图是什么，然后选择恰当的时机打断对方，并且有礼貌地告诉对方你不知道此事，或者告诉对方你不具体负责此事。

四、接到客户的索赔电话

如果接到客户的索赔电话，索赔的客户在电话中可能会牢骚满腹或者情绪激动、言辞激烈等。如果作为索赔方也缺少理智，与客户唇枪舌剑，不但于事无补，反而会使矛盾升级。正确的做法是：保持冷静，理智应对、洗耳恭听，让客户诉说他的不满，并耐心等待客户心静气消。在倾听的同时，一边肯定客户话语中的合理成分，一边认真分析和琢磨客户发火的理由，快速寻找正确的解决问题的方式方法，用真诚和耐心感动客户，从而化干戈为玉帛，争取取得客户的谅解。

❯ 要点小结

如何应对电话中的特殊情况：
- 听不清对方的话
- 接到打错了的电话
- 遇到自己不知道的事情
- 接到客户的索赔电话

❯ 任务实训

实 训：联 系 实 际

实训目的：

通过联系实际，认识电话沟通遇到特殊情况并不少见，学习合理的处理方式，进一步改善沟通效果。

实训步骤：

1.两人一组，互相分享。

2.如果接到打错了的电话，你的处理方式是什么？

3.如果电话内容听不清，你一般会怎么回应？

4.把原有的处理方式和学习之后的方式进行对比，写下学习之后的改进措施，上传至群共享。

任务三　人际沟通中如何赞美人

任务解析

被人赏识是人性的一种需求。赞美是一种既不用资金，也不用设备，却能产生多方面沟通效果的利器。在人际沟通过程中，如果能多给对方一些赞美、表扬，沟通可能会更加和谐顺畅，产生意想不到的效果。赞美别人有哪些技巧？

知识准备

一、赞美要因人而异

人的素质有高低之分，年龄有长幼之别，因此赞美要因人而异，突出个性。有特点的赞美比大众化的赞美能收到更好的效果。

6-7　如何
赞美别人

二、赞美要情真意切

无论什么样的赞美都要基于事实，切不可虚夸。能引起对方好感的只能是那些基于事实、发自内心的赞美。相反，若无根无据、虚情假意地赞美别人，不仅会让对方感到莫名其妙，更会觉得表达赞美之人油嘴滑舌、心口不一。

三、赞美要翔实具体

赞美通常夸行为不夸个性，家长对孩子要这样，管理者对员工也要这样，只有这样才能使符合要求的行为得到强化，并再次出现。

四、赞美要合乎时宜

赞美的要义在于相机行事、适可而止，真正做到"美酒饮到微醉处，好花看到半开时"。当别人计划做一件有意义的事时，开头的赞美能激励他下决心作出成绩，中间的赞美有益于对方再接再厉，结尾的赞美则可以肯定成绩，指出进一步的努力方向，从而达到"赞美一个，激励一批"的效果。

五、赞美要像雪中送炭

最需要赞美的或许不是那些早已功成名就的人，而是那些因被埋没而产生自卑感或身处逆境的人。他们一旦被人当众真诚地赞美，便有可能振作精神，重新站起来。因此，最有实效的赞美不是"锦上添花"，而是"雪中送炭"。

❯ 要点小结

人际沟通中如何赞美人：
- 赞美要因人而异
- 赞美要情真意切
- 赞美要翔实具体
- 赞美要合乎时宜
- 赞美要像雪中送炭

❯ 任务实训

实训：案例分享

实训目的：

感受赞美的力量，学习赞美的技巧，提升沟通效果。

实训内容：

赞美可以让好的行为再次出现

在一次企业培训过程中，老板愁眉苦脸地和我讲，每天事情很多，原来一个小时就可以处理完公司一天的公文，现在两个小时都无法搞定。看到他焦头烂额、愁眉苦脸的样子，我知道他正被这件事情困扰。但是，在公司例会上，在会议快结束的时候，他讲道："在座的各位当中，有一个部门的公文写得很有示范性，言简意赅，每一次提出问题的时候，同时写出解决问题的几个方案，并且能够从成本和可持续性等角度给出自己的建议方案，这个部门就是外联部。"

　　一段时间后，老板发现，陆续有好几个部门提交的公文，在提出问题的同时也给出了解决问题的备选方案，于是，他用于处理公文的时间大大缩短了。

　　资料来源：作者根据有关资料整理而成。

实训步骤：

　　1.请思考老板是如何让自己处理公文的时间缩短的。

　　2.如果你遇到类似的问题，你认为批评更有效，还是赞美更有效？你会怎么做？

　　3.请写下该案例带给你的启示，并与同学进行分享。

任务四　人际沟通中如何批评人

任务解析

　　人们愿意听到赞美而不愿意遭受批评，这是人心理需求的基本规律。好听的话即使言过其实也不会引起听者的反感，难听的话即使恰如其分也很难让听者满意。但是在人际沟通过程中，批评又是在所难免的，那么批评有哪些方法和技巧呢？

知识准备

一、考虑批评的必要性，并保持建设性

　　在职场，管理者在批评别人之前，要把握批评的真正目的和意图，批评要出于帮助别人认识到错误并改进，而不是简单地指出错误，更不是为了发泄情绪，为了批评而批评。

6-8　如何批评别人

二、批评要选择合适的时间和场合

批评要选择合适的时间，不宜过长也不宜过短。批评时间过长，反复批评，重复次数越多，批评效果越差，会引起对方的逆反心理。对于批评场合的选择，有时候面对面批评，直接交流，能够让对方明白你的意见和态度，但最好不要当着外人的面，否则会影响到对方接受批评的态度。特别是对好面子的人，最好采取个别交谈的方式，若有些问题需要当众批评或通报，应事先做好对方的工作，帮助其打消顾虑，缓解其抵触情绪。

三、批评的方式要因人而异

由于人的经历、学识和性格等不同，接受批评的尺度和方式也不同。比如，对性格温顺的人，要用"温和式批评"，慢慢讲道理，多启发。对自尊心较强、主观见解难以改变的人，应采用"渐进式批评"，逐步深入，让其逐步适应，逐渐接受。

四、批评要客观公道，对事不对人

批评必须尊重事实，绝不可夸大。如果批评过度，不仅达不到批评的目的，还可能激发对方的抵触情绪。批评要对事不对人，批评错误的行为，不可把对错误行为的批评扩大到对人的批评上，更不可否定别人的人品和人格，那样就会造成不可调和的矛盾。

五、使用"三明治"式的批评方式

"三明治"式的批评是指有效批评有三道程序，也就是说，在批评时可以首先认可并赞美对方令人满意的地方，其次指出其不足之处并加以批评，最后还要鼓励对方改进并提出希望。

❯ 要点小结

人际沟通中如何批评别人：

- 考虑批评的必要性，并保持建设性
- 批评要选择合适的时间和场合
- 批评的方式要因人而异
- 批评要客观公道，对事不对人
- 使用"三明治"式的批评方式

任务实训

实训目的：

通过案例分享，感受合理巧妙的批评方式所产生的积极效果，为进一步学习批评的技巧奠定基础。

实训1：案例分享

实训内容：

与新兵谈心

大学生新兵小林，入伍后不久，感觉部队生活太枯燥，而且与外界接触太少，于是产生了当逃兵的念头。

排长高健觉察后，找他谈心："小林啊，前几天咱连组织文化摸底，你排名第二，真为咱排争光啊！"小林不好意思地挠挠头。

高健接着说："来部队十几天了吧？是不是感觉有些不太适应啊？"

小林："是呢，这兵我不想当了，吃苦受累我都不怕，就是受不了这氛围，简直是与世隔绝。"

高健说："如果你现在回去了，考虑过后果没有？你一辈子就得背上'逃兵'的名声，多难听啊！"小林听了有点惭愧。

高健趁热打铁地说："部队有其特殊性，和外界接触少可训练多啊，这也恰恰是一种优势，从这里走出去的人都有顽强的毅力，有团队协作精神，能打硬仗，像张瑞敏、任正非等，他们都是军人出身。每当谈起今天的成就，他们都感谢军旅生涯的锻炼。以你现在的文化水平，只要努力，三年后完全可以考军校，将来会有很好的职业发展。"

小林若有所思："排长，我明白了，我会调整心态，不当逃兵。谢谢您！"

实训步骤：

1.请思考排长高健是如何说服新兵小林的。

2.如果你是排长，会如何与小林沟通？

3.请写下你获得的案例启示，上传至群共享。

实训2：案例分享

实训内容：

谁动了我的电脑

　　某电子公司会计孙小姐正在制作公司本月的销售汇总表。当她快要做完时，经理要她去找一份资料，于是她马上离开了座位，等她再回来时，发现刚才那个未完成的表格文件已经不在了。原来，同事林先生在她出去时乱动电脑，结果导致电脑死机，文件没有保存，已经丢失了。当时孙小姐特别生气，因为这个文件是总经理马上就要看的，但是又想，现在生气也没有用，重要的是应该让林先生从这件事情中吸取教训。

　　孙小姐："我听说你最近经常抽空学习电脑？"

　　林先生："是啊。我们年纪大了，很多新的知识都不懂，需要学习啊！"

　　孙小姐："看得出你是一个很爱学习的人，工作这么忙，你还能认真学习，真是不简单。"

　　林先生："不学习会被淘汰的。"

　　孙小姐："电脑方面我可以帮帮你。"

　　林先生："真的？那就太好了。"

　　孙小姐："不过，以后我的电脑你最好不要动它，不然把我的资料弄丢会给我带来很大麻烦！"

　　林先生："哦，太不好意思了，我以后不会了。"

实训步骤：

　　1.请思考：为什么孙小姐没有使用批评的字眼却达到了批评的效果。

　　2.当你犯了错误的时候，希望别人采取什么样的方式批评你？

3.当别人犯错误的时候，你会采取什么样的方式批评对方？

4.请写下你获得的案例启示，上传至群共享。

任务五　人际沟通中如何拒绝人

任务解析

　　拒绝别人或被别人拒绝，在日常工作、生活中司空见惯，但有些人不知道该如何拒绝别人，因此与人结下了仇怨，甚至原本是比较要好的朋友，也从此不再往来。究竟如何拒绝人？如何通过语言的艺术把因拒绝给别人造成的不快控制在最小范围？

知识准备

一、巧用沉默

　　沉默有时也是一种拒绝。在人际交往过程中，经常会遇到无法答应或无法满足对方要求的情况。面对这种情况，最简单的回答就是"不"。但这种回答通常会让对方感到很生硬，甚至难以接受。有的人甚至说不出口。如果遇到这种情况，可以保持倾听姿态，在对方要你发表意见时保持沉默，或一笑置之，别人就会明白你的意思。

6-9　如何拒绝别人

二、巧妙推脱

　　如果别人邀请你参加某项活动，而你确实没有时间或者不想参加，巧妙推脱就成为拒绝的最佳方式。值得注意的是，在推脱别人的邀请或请求时，要选择适当的理由和借口，不能胡乱地任意推脱，否则可能会弄巧成拙。

三、诱导否定

诱导否定指当对方提出问题时，并不马上回答，而是先讲一点道理，再提出一些重要任务或另一个问题，诱使对方自我否定，自动放弃原来提出的问题。

四、学会运用"当然……不过……"句型

心理学研究表明，当一个人听到肯定的回答时，肌体会呈开放状态，能够在轻松的心理感受中继续接受信息。因此，拒绝时采用"当然……不过……"的句型会收到较好效果。尽管最终还是拒绝，但这种柔和地叙述反对意见的做法，对方更容易接受。

五、做好拒绝之后的弥补工作

拒绝别人，不管你多么小心翼翼，都可能使对方有所不满，因此除了注意语言的艺术之外，还要做好拒绝之后的弥补工作，与被拒绝者重建意见交流的渠道。应站在被拒绝者的立场上，感受遭到拒绝的滋味，考虑在拒绝别人之后可为对方做点什么。比较理想的办法是打电话、写信或者找个时间登门造访，以诚挚的态度来弥补不快的经历，以期下一次成功交往。

❯ 要点小结

人际沟通中如何拒绝别人：
- 巧用沉默
- 巧妙推脱
- 诱导否定
- 学会运用"当然……不过……"句型
- 做好拒绝之后的弥补工作

❯ 任务实训

实训目的：

通过案例分享，感受不一样的拒绝方式和效果，为进一步学习合理拒绝做好准备；通过联系实际，学习使用拒绝的技巧。

实训1：案例分享

实训内容：

巧妙的拒绝

李某在一家公司上班，业绩非常好。可是朋友又为他找了一份比当前的还要好的工作，不管是在待遇上，还是在工作环境上都比现在这个好。他经过再三考虑向老板递交了辞呈。老板觉得让李某走了实在可惜。于是，这位老板对李某说："你让我先考虑一下好吗？"李某见老板说话很客气，就点头答应了。过了几天李某又向老板递交辞呈。老板对李某说："你来了，我正要找你呢？你知道上次为什么没有批准你的辞职吗？"李某说："不知道。"老板说："因为那个时候上边有几个到国外进修的名额，而且进修的费用全部由公司来承担，那个时候，我正在为你争取这个名额，前几天你递交辞呈的时候，我没有告诉你，也没有答应你的辞呈是因为我不想让你走，而且那个时候，那个名额还没确定，所以我没敢告诉你。不过，现在上边消息已经下来了，你获得了那个名额，可是你这又要辞职了，你考虑考虑吧！我先不批准你。"李某一听心里想："那个公司虽然待遇好，可是我已经在这个公司待了这么长时间了，而且还有一个这么好的机会，说不定到时候回来，还能升职呢！"于是，他马上对老板说："老板那我不辞职了。"老板点了点头说："好！"

实训步骤：

1.请思考：老板用了什么方式拒绝了李某的辞职。

2.如果你是老板，你会采用什么样的方式？

3.请写下你获得的案例启示，上传至群共享。

实训 2：联系实际

实训步骤：

1.两人一组，互相分享。

2.请按照以下材料，练习拒绝的技巧。

（1）端午小长假到了，朋友邀请你去绵山玩，可你已经去过绵山好几次了，这次你想去五台山，你如何回复朋友的邀请？

（2）老同学请你帮忙办一件事，你知道帮这个忙是违反原则的，不能帮，你如何拒绝？

（3）小组会上，有人选本组的一位成员为先进，可是你反对，但当面又不便直说，你会怎么办？

3.请写下你获得的启示，上传至群共享。

实训拓展：

请把你收集的与本任务相关的案例、情景、活动等，打开活页扣，加装进来。

项目四　人际冲突处理技巧

任务一　影响人际冲突的因素

▶ 任务解析

由于人的观念、见解和利益不同，因此冲突总是在所难免，只要有人的地方就会有冲突。人际冲突是人与人之间在认识、行为、态度以及价值观等方面存在的分歧。如何认识冲突、面对冲突？首先需要建立对冲突的正确认知，冲突既有破坏性冲突也有建设性冲突，可能产生消极作用，也有可能带来积极影响。引发冲突的因素有哪些？

▶ 知识准备

一、个体认知差异

由于家庭背景、受教育程度、价值观念、兴趣爱好以及经验、期望等的不同，人与人看问题的角度和方法会有差异。一个人对某种行为评价甚高，另一个人却可能不以为然；有人认为人与人之间理应互相理解，互相帮助，有人则认为做好自己份内的事才是最重要的。这些都是个体认知和价值观差异而导致的冲突。

6-10　为什么会发生冲突

二、缺乏有效沟通

缺乏沟通或者沟通不当，是人际冲突产生的重要原因之一。缺乏沟通的主动性，或者在沟通中信息交流不充分等都可能导致人际沟通障碍，从而成为人际冲突的潜在原因。在工作和生活中，有些人只在意自己讲出的话，不注重听者的感受；有些人缺乏同理心，或者无法有效清晰地表达，在产生误解的时候又将责任归咎于对方，这些情况都会导致冲突。

三、对有限资源的争夺

资源的有限性与需求的无限性是人类社会面临的基本矛盾，怎样用稀缺的资源来不断满足不同组织不断增长的需要，既是经济学研究的中心，也是组织之间相互竞争的焦点。为了竞争有限的资源，组织之间不可避免要发生冲突，历史上的无数次战争都是由于争夺有限的资源而爆发的。同样的道理，组织内部也常常会因为争夺市场、资金、人员等而发生人际冲突。

四、目标和利益的差异

组织内部的不同部门往往有不一样的任务目标和职责要求。当不同部门追求不同的目标和利益时，就容易产生分歧，各部门在工作目标和利益上的差异是组织产生人际冲突的主要原因之一。同时，组织中的人际冲突还取决于成员的背景、思维方式和工作需要。

▶ 要点小结

影响人际冲突的因素：
- 个体认知差异
- 缺乏有效的沟通
- 对有效资源的争夺
- 目标和利益的差异

▶ 任务实训

实训：案例分享

实训目的：

通过案例分享，认识引发人际冲突的原因，为进一步学习如何解决人际冲突奠定基础。

实训内容：

究竟是谁的错？

最近小丽很苦恼，她与同事小美的关系一直处理不好，她感觉无论自己说什么，小美都好像在跟她作对似的。一次，小美穿了一条白色的连衣裙上班，同事们都夸赞连衣裙漂亮，可是小丽却不那么认为，她觉得小美皮肤黑，白色连衣裙显得她更黑了，于是小丽就说，小美穿暗色调的衣服会好看些，和肤色比较相配，小美当时就把脸拉下来了。类似的事情发生了好几次，最关键的是在工作上她们也经常发生冲突。

实训步骤：

1.请思考：上述案例中究竟是谁的错，是什么原因导致了小丽的烦恼。

2.如果你是小美，你会如何回应小丽？

3.如果你是小丽，如何化解自己的苦恼？

4.请写下你获得的案例启示，上传至群共享。

任务二 如何处理人际冲突

任务解析

　　既然冲突不可避免，那么只有积极面对和处理。关于冲突的处理策略，2003年提出的托马斯-基尔曼冲突模型，已经成为世界领先的冲突解决方案的评估和选择方法。该模型把冲突中双方的心态分成两个方向：自持性和合作性。自持性指的是对自己的关心程度，也就是是否坚持自己的观点或行为不肯放弃；合作性指的是对他人的关心程度，也就是对冲突的另一方是否能够采取宽容、合作的态度。依照这两个方向来分析，人们在处理冲突时，通常会采取五种策略（如图6-1所示）。

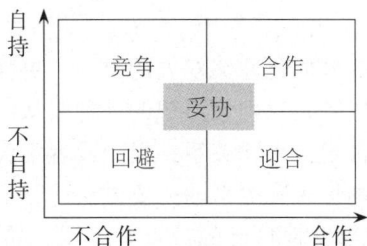

图6-1 托马斯-基尔曼冲突模型

▶ 知识准备

一、竞争策略

竞争是一种坚持己见而缺乏合作倾向的行为。冲突中的竞争策略又称为强迫策略。采取这种策略的人，往往只为实现自己的目标而不顾别人的利益，甚至会牺牲别人的利益来达到自己的目标，采取的是一种"我赢你输"的策略，认为只有顺利实现自己的目标才能体现其地位和能力。竞争策略常常涉及权力的控制，往往会导致他人的不良评价。不过，在某些情况下，竞争策略也是有利于解决冲突的，比如发生紧急情况，类似危险的化工原料泄漏，这种情况来不及慢慢商讨应对措施，即便是部分人的利益受损，也只能被迫采取竞争策略，一切行动听指挥。

6-11 如何处理冲突

竞争策略的适用情境：当处于紧急情况，迅速果断的行动极其重要时；当问题很重要，需要采取不受欢迎的行动时；当知道自己是正确的，并且问题的解决有益于组织，需要对付那些从非竞争性行为中受益的人时等。

二、回避策略

回避是指在发生冲突时采取退缩或中立的倾向，冲突中采取回避策略，既不合作，也不坚持，对自己和对方都没有什么要求。实践证明，对于重要问题采取回避策略往往是不明智的，因为回避不仅无助于解决问题，甚至有可能导致问题恶化。但是在某些情况下选择回避可能是有效的。

回避策略的适用情境：当冲突事件无足轻重，或是问题很严重根本无法解决时；当对方过于冲动，或解决问题所需的条件暂不具备时；当其他人比自己能更有效地解决问题时；当坚持解决分歧，可能会破坏关系，导致问题往更严重的方向发展时；当其他人能有效地解决冲突时；当问题得以解决还不如不解决时等。

三、迎合策略

迎合是指在发生冲突时尽量弱化冲突双方的差异，更强调双方的共同利益。它反映的是一种利他的行为，或者是对别人愿望的一种服从。采取这种策略的人对待冲突的态度是，不惜一切代价维持人际关系，很少或者不关心自己的个人目标，把退让、抚慰和避免冲突看作维护人际关系的主要方法。

迎合策略的适用情境：当发觉自己的观点有错误，希望倾听了解更好的观点时；当事情对于别人来说更具有重要性时；当希望为以后交往建立信用时；当自己处于弱势，希望尽量减少损失时等。

四、合作策略

合作是指主动跟对方开诚布公地讨论问题，寻找互惠互利的解决方案，尽可能使双方的利益达到最大化，是一种双赢的冲突处理模式。采用合作策略的人对待冲突的态度是，一个人的行动不仅代表自身利益，也代表对方的利益，冲突中注重维护人际关系，确保双方都能达到目标。

合作策略的适用情境：当双方的利益都很重要，而且不能折中，需要力求一致的解决方案时；当需要从不同角度解决问题，平衡多方利益时；当希望建立或维持一种重要的相互关系时等。

五、妥协策略

妥协是指冲突双方在互相让步的过程中达成协议的一种局面。采取这种策略的人既要考虑目标又要考虑双方关系，不追求各方的最佳目标，而是取得各方适中的满足。倾向于将不同的利益、观点加以平衡。

妥协策略的适用情境：当问题很重要，而自己无法左右局面，过于坚持己见可能造成更坏后果时；当双方具有同样的影响力时；当时间十分紧迫，需要找到一个权宜之计时等。

以上五种策略，无好坏之分，需要在合适的情境下作出合适的策略选择。

▶ 要点小结

如何处理人际冲突：
- 竞争策略
- 回避策略
- 迎合策略
- 合作策略
- 妥协策略

▶ 任务实训

实训目的：

通过自我对照，明确自身人际冲突处理的风格特点和基本状况，以便更好地学习人际冲突处理策略；通过联系实际，结合现实问题，学习运用人际冲突处理策略合理解决人际冲突问题。

实训 1：自我对照

实训内容：

本项目是人际冲突解决风格特点测评，帮助了解自身处理人际冲突时的策略选择以及在压力状态下人际冲突处理的风格特点。

实训步骤：

1.测评打分标准及要求。

本测评问卷包括35个问题，表明人们处理人际冲突的方式，选择一个参照框架（比如工作冲突等），回答问题时想着此参照框架。

打分标准：

1=完全不同意　　　2=不同意　　　3=有点不同意

4=无所谓　　　　　5=有点同意　　6=同意　　　　　7=非常同意

2.按照以下测评题目作答。

当与他人发生冲突时，我一般会作出以下举动：

（1）我回避对方

（2）我换一个中性的话题

（3）我试图理解对方的观点

（4）我试图将冲突变成一次玩笑

（5）我认真倾听对方的谈话

（6）即使我不认为自己错了，我也承认自己有不够好的地方

（7）我退让

（8）我要求得到比预想还多的东西

（9）我运用自己的支配力不让对方达到目的

（10）我试图找到与对方的异同点

（11）我试图达成妥协方案

（12）我假装同意

（13）我尽量向解决问题的方向努力

（14）我请另外一个人来判断是非

（15）我提出一项让双方各有所得的方案

（16）我威胁对方

（17）我奋战到底

（18）我试图弄清对方的目标

（19）我随心所欲地抱怨

（20）我退让，但要让对方知道我的苦衷

（21）我道歉

（22）我放弃某些观点以换取其他的东西

（23）我争取最好的结果，不管这个结果是什么

（24）我推迟讨论问题

（25）我寻找中间地带

（26）我避免伤害对方的感情

（27）我把一切问题都摆到桌面上

（28）我牺牲自己的利益以维持与对方的关系

（29）我折中双方的立场

（30）我不得不放弃

（31）我让对方提出解决办法

（32）我试图强调我们的共同点

（33）我试图让对方提出妥协方案

（34）我试图说服对方信服我的认证逻辑

（35）我试图满足对方的目标

3.按照以下分类计算各项分值。得分高者即为处理人际冲突时可能会选择的策略以及面临压力时处理冲突的风格特点。

处理冲突风格得分：

•合作型：第3、5、10、13、18、27、32题总分为（　　　）

•妥协型：第11、15、22、25、29、30、33题总分为（　　　）

•迎合型：第6、7、20、21、26、28、35题总分为（　　　）

•竞争型：第8、9、16、17、19、23、34题总分为（　　　）

•回避型：第1、2、4、12、14、24、31题总分为（　　　）

实训 2：联系实际

实训步骤：

1.两人一组，互相分享。

2.请分享你与家人或者朋友发生冲突的实例，并说明你是如何处理的？

3.面对上述的冲突，你认为更合适的处理方式是什么？为什么？

4.请写下你获得的启示，上传至群共享。

实训拓展：

请把你收集的与本任务相关的案例、情景、活动等，打开活页扣，加装进来。

模块六知识考核

1.（选择题）人际沟通中的冲突是在所难免的，引发人际冲突的原因也千差万别，一般常见的导致冲突的因素有（　　）。

　　A.认知差异　　　　B.沟通不当　　　　C.目标差异　　　　D.利益之争

2.（选择题）人的认知会产生偏见，从而造成人际沟通障碍。通常人们的认知偏见包括（　　）。

　　A.晕轮效应　　　　B.第一印象效应　　　C.投射效应　　　　D.刻板印象

3.（判断题）男女性别差异对人际沟通的影响可以忽略不计。　　　　　　（　　）

4.（判断题）好的人际关系与好的人际沟通相辅相成。　　　　　　　　　（　　）

5.（判断题）人际沟通风格各异，比如，外倾的人通常具有热情、敏感、活泼、开朗；内倾的人通常内敛、喜欢钻研。　　　　　　　　　　　　　（　　）

模块六综合实训：案例分享

实训目的：

通过案例分享，认识职场人际沟通的重要性，学习人际沟通技巧，进一步改善沟通效果。

实训内容：

一次不欢而散的沟通

张杰正在和下级小李谈话，这是对小李迟到和缺席的第二次警告。

小李争辩道，在同事中，他的工作做得最多。杰克知道小李是一名好员工，但不能容忍他违反公司的制度。

张杰："小李，你知道今天早上为什么叫你来吗？上个月我们讨论过你的问题，我认为你正设法改进。但当我检查月度报告时，我发现你迟到了四次，并且病休了两天。这说明你根本没把我的谈话当回事。小李，你的业绩很好，但态度不佳。我再也不能容忍这样的行为了。"

小李："不错。我知道我们上个月谈过，我也努力准时上班，但是最近交通非常拥挤。工作的时候我是十分投入的，你应该多注意我的工作效率，与我们组的老王相比，我的工作量要大得多。"

张杰："现在不是谈老王，而是你。"

小李："不，应该谈老王和其他几位同事的事。我比大多数同事做得好，而我在这儿被批评，这样不公平。"

张杰："小李，我承认你的工作很出色，但公司的制度也很重要。你平均每月迟到4~5次，你不能总这样。我该怎么样处置你呢？我真不愿使用正式警告，你知道那意味着什么。"

小李："是的，我了解正式警告，我想我会更加注意，但我认为我比其他人工作努力，应有所回报。"

张杰："好的，小李。如果没有这些问题，你的出色业绩会得到回报的；如果你想挣更多的钱或被提升，你应该按时上班，遵守公司的规章制度。"

小李："好的，我认为你是对的，但是对于你这样的处理方式，我仍持保留态度。"

张杰："小李，随你选择。如果你下个月的记录仍不好，我将使用正式警告。"

小李："好的，但是我还是认为不公平。"

实训步骤：

1.请思考：为什么说这是一次不欢而散的沟通。

2.如果你是张杰，将会如何开展沟通？

3.请写下你获得的启示，并进行分享。

模块六总结区

姓名：_____   日期：_____年____月____日

提炼本模块学到的知识点和技能点（可以采用思维导图形式，下同）

分享你在本模块学习中的实践与感受

秀一下你在本模块的发现和建议（可上传至群共享）

模块七　职场沟通技能

学习目标

学习目标
- 知识目标
  - 了解不同职场人的沟通风格，尤其是上级
  - 了解职场沟通相关的内容
- 能力目标
  - 能够正确处理与上级的关系学会工作汇报
  - 能够和同事互相尊重、平等沟通
  - 能够正确处理与下级的关系
- 素养目标
  - 建立敬畏心理，学会正确看待领导批评
  - 培养积极奉献、互帮互助的精神
  - 建立正确的职业观、和谐的职场关系
  - 培养全局观念，增强集体意识关系

【关键词】　职场沟通　请示汇报　传达指令
　　　　　　同事沟通　同事关系

【学习重点】　学习如何向上级汇报工作
　　　　　　　学习如何处理同事矛盾
　　　　　　　学习如何获得同事帮助

【学习难点】　学习如何说服上级
　　　　　　　学习如何赢得同事尊敬

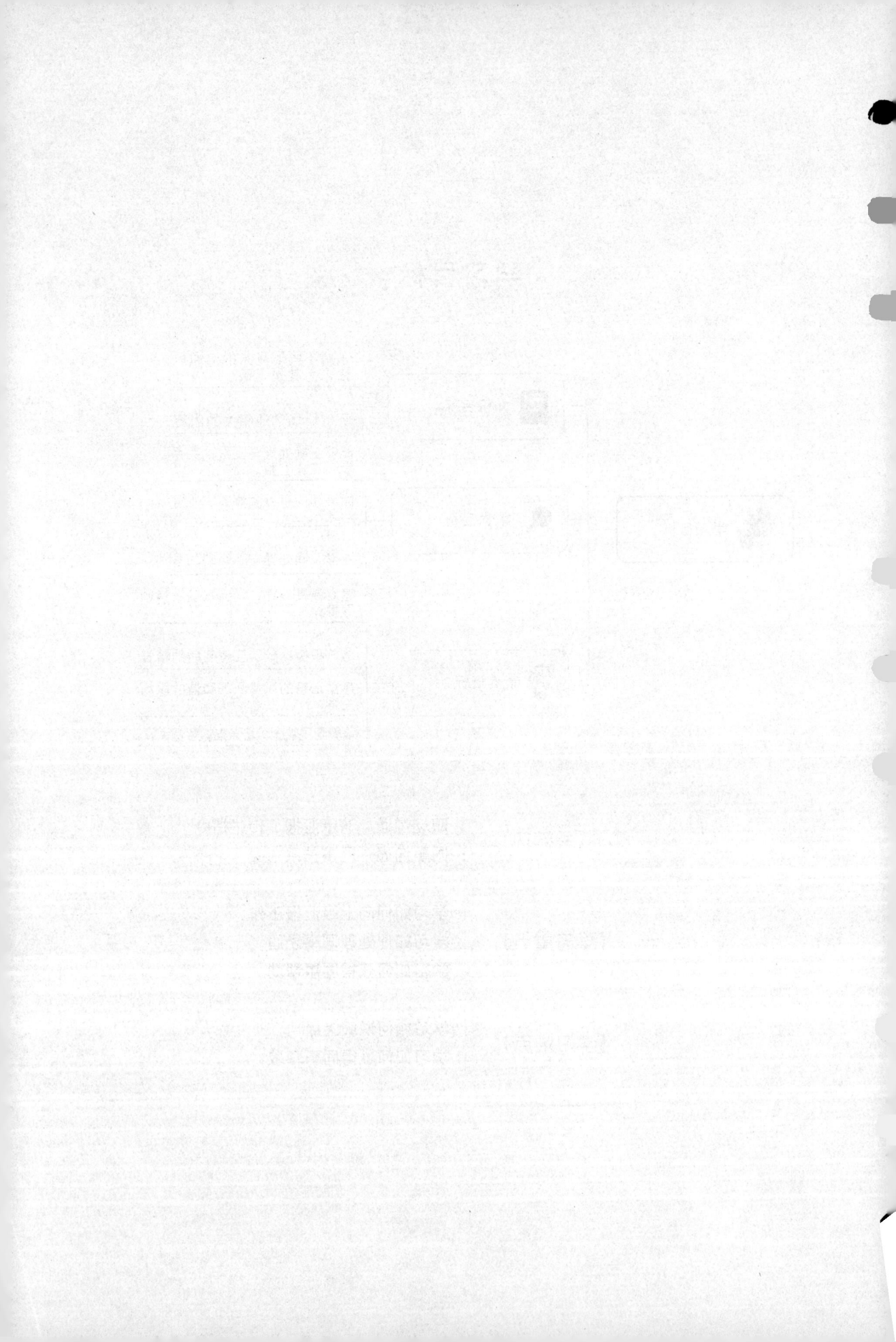

项目一　如何与上级沟通

任务一　了解上级的沟通风格

❯ 任务解析

> 　　职场沟通技能是每一个职业人的必备技能，甚至是核心技能，沟通几乎贯穿于各项工作的始终，做好职场沟通对提升工作效率有很大作用。沟通在组织内部，按照信息流向的不同，可分为上行沟通、下行沟通和横向沟通。其中上行沟通就是要做好与上级的沟通，不同的上级风格各异，需要首先了解上级的沟通风格，才能提高沟通的有效性。

❯ 知识准备

一、控制型风格

　　控制型风格的上级，往往很重视自己的权威性，善于指挥，决策时通常自己决定，更多地采用单向沟通的方式，且态度强硬，行事果断，讲究效率，对琐事不感兴趣。

7-1　了解上级的沟通风格

　　与这一类型的上级沟通相处，首先必须尊重他的权威感，认真对待他的命令，多称赞他的成就而非个性或人品；请示汇报工作，力求简明扼要、干脆利落，可以直截了当、开门见山地谈。

二、互动型风格

　　互动型风格的上级，通常善于交际，喜欢参与，喜欢接受大家对他的肯定，喜欢与下级当面沟通，喜欢下级开诚布公地谈问题。

　　与这一类型的上级沟通相处，尽可能真诚地公开赞美，要多留意自己的肢体语言，尽量选择当面交流，不要在私底下发泄情绪。

三、实事求是型风格

　　实事求是型风格的上级，讲究逻辑，为人处世有自己的标准，喜欢弄清楚事情的来龙去脉，注重细节，理性思考多，是方法论的最佳实践者。

与这一类型的上级沟通相处，最好直接谈事情，谈他们感兴趣的而且具有实质性内容的事情，对于上级提出的问题，最好直接回答，如果汇报工作，对一些关键性的细节可以描述得更多一些、多一些补充说明。

四、"糊涂型"风格

这里的"糊涂"有几种情况。比如，健忘型上级是一种情况。遇到这种风格的上级，当上级与你讲述某个事件或表明某种观点时，要多问几遍，并重复几遍，以获得上级的进一步确认。再比如，有一些"糊涂型"上级，布置工作任务时含糊、笼统，下级很难准确理解和操作。对于这种情况，下级在接受工作任务时，一定要多做一些沟通，主动并详细询问具体要求和标准，包括时间、人员、质量、数量等尽可能明确，避免按照自己的理解去执行。

▶ 要点小结

了解上级的沟通风格：
- 控制型风格
- 互动型风格
- 实事求是型风格
- "糊涂型"风格

▶ 任务实训

实训：自我对照

实训目的：

通过自我对照，测试目前与上级沟通能力的基本状况，为进一步学习如何与上级沟通做好准备。

实训内容：

该项目是与上级的沟通能力测试，请把自己代入角色，测试自身在这方面的基本状况。

实训步骤：

1.请通过下列问题对自己的该项能力进行测评。

（1）当你面对工作中的难题时，你是如何解决的？（   ）

A.与上级沟通，寻求支持   B.与同事沟通，寻求支持

C.自己想办法尝试解决

（2）你一般采取怎样的方式和上级沟通？（   ）

A.面对面沟通　　　　　　B.电话、微信或电子邮件沟通

C.定期书面沟通

（3）当你和上级的意见不一致时，你采用怎样的方式表达自己的意见？（　　）

A.面对面沟通　　　　　　B.书面报告给上级

C.通过其他方式

（4）面对不同性格和处事风格的上级，你如何同他们沟通？（　　）

A.从沟通对象的角度　　　B.注意沟通技巧

C.对事不对人

（5）面对比较强势的上级，你如何同他沟通？（　　）

A.思路清晰，逻辑缜密　　B.先赞同，然后再提意见

C.书面或电话沟通

（6）面对效率型的上级，你如何同他沟通？（　　）

A.简单明了，直指问题　　B.尽量采用封闭式问题

C.加强时间观念

（7）面对权威型的上级，你如何同他沟通？（　　）

A.表示出足够的尊重　　　B.采用请教的方式

C.采用书面建议的方式

（8）面对指导型的上级，你如何同他沟通？（　　）

A.采用请示汇报的方式　　B.采用书面建议的方式

C.采用询问的方式

（9）你如何使用电子邮件与上级沟通？（　　）

A.尽量简单，直指结果　　B.直接陈述观点

C.非常注意措辞

（10）你是否在与上级的沟通中经常与其发生冲突？（　　）

A.从来未发生过冲突　　　B.很少有这种情况

C.偶尔会因为观点不同而有冲突

2.请依据评分标准计算得分：

选A得3分，选B得2分，选C得1分。

3.请参考以下划分标准，进行结果评价：

24分以上，说明你与上级沟通的能力很强，请继续保持和提升。

15～24分，说明你与上级沟通的能力一般，请努力提升。

15分以下，说明你与上级沟通的能力比较欠缺，亟须提升。

任务二　如何对待上级的批评

▶ 任务解析

> "人非圣贤，孰能无过。"金无足赤，人无完人。在职场，新员工因工作出现差错而被上级批评是常有的事，即使是老员工，也同样存在被批评的可能，学习正确对待批评是职场人士的必修课。如何对待上级的批评呢？

▶ 知识准备

一、诚恳地接受并认真对待

一般上级在提出批评时都会非常谨慎，因此须认真对待。对于上级的批评，如果批评得合情合理，则要诚恳接受，并且下次不能再犯类似的错误。

7-2　如何对待上级的批评

二、切忌当面顶撞

如果上级批评的时机和地点的选择不太合适，或者你认为上级批评错了，自己不能接受，不够冷静，意气用事，当面顶撞，这是不可取的。

三、慎用解释

解释在很多时候是为了澄清自己。不要在上级有不良情绪时解释，因为在气头上很难听进去你的解释。解释也要点到为止，抓大放小，解释尽量避免面面俱到，纠缠于一些细枝末节。有时采取间接解释的方式效果可能会好一些。

四、换个角度，调整心态

职场中有些员工，在遭到上级批评后，就像霜打的茄子，蔫了，甚至一蹶不振，这样的心态是不可取的。最好换个角度去认识上级的批评，上级的批评中也含有对你的忠告、指示和鼓励，也可以把上级的批评看作对你的重视和鞭策，正因为上级的眼中有你这个员工，才会注意到你的错误，希望通过批评促进你的进步和发展。

要点小结

如何对待上级的批评：

- 诚恳地接受批评并认真对待
- 切忌当面顶撞
- 慎用解释
- 换个角度，调整心态

任务实训

实训项目：案例分享

实训目的：

通过案例分享，认识如何对待上级的批评，学会从批评中成长。

实训内容：

为什么被辞退？

新员工小沈被辞退了，看着他抱着物品出门时眼里泛着的泪花，大家只能表示遗憾。一个多月来，小沈工作多次出错，甚至因他的错误影响到了公司客户，今天上午看到小沈的工作再次出错，领导当场批评了他。没想到，小沈比领导的火气还大，说领导不知道情况瞎说，工作出错谁都难免，不应该总盯着他……

实训步骤：

1.请思考：小沈面对领导的批评有哪些不妥的地方？

2.如果你是小沈，面对这种情况你会怎么做？

3.请写下你获得的案例启示，上传至群共享。

任务三   如何请示和汇报工作

▶ 任务解析

请示和汇报是职场工作的日常，尤其是新员工应多请示和汇报，从而获得上级的及时指导，尽快成长，为职业沟通和职场成功奠定基础。如何做好请示和汇报呢？

▶ 知识准备

一、请示工作说方案，让上级多做选择题，少做问答题

在工作中发现问题或遇到麻烦，向上级请示，征求上级意见，是很正常的事情，然而，对于下级，把一系列"怎么办"的"问答题"抛给上级是很不明智的做法。应当用"选择题"的方式请示工作。所谓"选择题"，就是面对问题或状况，下级首先调动自己的经验和智慧，预先提出各种应对或解决方案，像"选择题"那样列出几个可供选择的选项，供上级判断和选择。

7-3 如何请示和汇报工作

二、汇报工作说结果，如果上级需要了解过程，再说过程

工作讲究勤汇报，让上级知道你的工作进度、工作状况。同时要主动汇报、及时汇报，并通过汇报及时听取领导的意见和建议。一般情况下，汇报工作时首先要说结果，如果上级需要了解过程，再说过程。往往初入职场的人，在汇报工作时，会有意无意地将工作结果和工作过程混淆在一起，让上级听得一头雾水、不知所云。对于阶段性的工作汇报要讲究一定的逻辑关系，一般要学会抓住一条线，展开一个面。所谓抓住一条线，就是围绕组织目标或者具体的阶段性的任务目标；展开一条线，就是分头叙述这一阶段相关工作的具体措施，关键环节、遇到的问题、处置的结果、收到的成效等，这样领导就可以听到一个完整的阶段性的工作汇报。

▶ 要点小结

如何请示和汇报工作：

•请示工作说方案，让上级多做选择题，少做问答题
•汇报工作说结果，如果上级需要了解过程，再说过程

▶ 任务实训

实训目的：

通过案例分享，感受不同的工作汇报所产生的效果差异，提高请示汇报的效率。

实训1：案例分享

实训内容：

工作汇报

小马是一位职场新人，也知道工作一定要勤汇报，小马刚刚就与客户签订协议这件事情是这样向领导汇报的："王总，您昨天让我去见那个客户签协议，我八点半就去了，我去的时候他还没到。后来他来了，可是他说很忙，要开会，让我等一会儿，结果没想到我一等等到中午一点多，我中午饭都没吃，肚子现在还'咕咕'叫……"

实训步骤：

1.请思考小马的工作汇报有什么不妥的地方。

2.如果你是小马，你会做怎样的汇报？

3.请写下你获得的案例启示，上传至群共享。

实训2：案例分享

实训内容：

工作请示

下午三点小李走进领导的办公室，请示了一系列问题："领导，最近员工士气不高，业绩也受到了影响。这两天我和大家沟通了一下，感觉春节临近，很多客户准备过年，没有心思和我们谈广告业务，都觉得过了年再说吧。同时，我们的业务员也都想着抢火车票回家过年，所以大家士气不是很高。但是我觉得春节这个时期，时间还是很宝贵的，我们需要提高士气，我有两个方案，您看哪个合适？第一个，在内部做个比赛，业绩最好的前三名，公司报销回家车票。第二个，搞个激励活动，业绩前三名的，公司奖励一个过年大礼包。您看，这两个方案，预算花费都不会超过五千元，但是公司因之而增加的收入可能会达到三十万元，您看选择哪个方案比较好？"

实训步骤：

　　1.请思考小李的工作请示有什么特点。

　　2.请写下你获得的案例启示，上传至群共享。

任务四　如何赢得上级的重视

▶ 任务解析

　　职场人士无不希望获得上级的好感和重视，无不希望得到上级的信赖，这样职业发展就可能拥有更大的空间。如何才能赢得上级的重视呢？

知识准备

一、做好本职工作

成就职场目标需要上下级协同一致，做好本职工作是下级赢得上级重视的前提和基础，在职场永远是靠实力说话。上级往往会赏识有想法、敢创新、勇担当、能出色完成工作任务的下级，这样的下级也会得到上级重视。

7-4 如何赢得上级的重视

二、尊重并忠诚于上级

每个人都有被尊重的需求，尊重是有效沟通的前提条件之一。职场人士，对上级权威的尊重是重要的职场规矩，因此一个职业人永远要摆正心态、摆正位置、分清主次，千万不可在上级面前恃才傲物，忘乎所以。管理上有句话：一盎司的忠诚等于一磅的智慧。一个优秀的下级，如果没有忠诚的美德，再出色的才能也不会成为竞争优势。

三、与上级建立良好的沟通关系

职场中不乏努力工作的下级，但并非每一个努力工作的下级都会得到上级的重视。很多人埋头在自己的工作中，认为要少说多干，忽视了和上级的沟通，认为只要做好工作就可以了，现实情况并非如此。只有主动接触上级并作有效沟通，表达自己的意愿，多一些请示汇报，才能让上级认识你的工作能力，了解你、发现你，才能有更多被赏识的机会。

要点小结

如何赢得上级的重视：
- 做好本职工作
- 尊重并忠诚于上级
- 与上级建立良好的沟通关系

任务实训

实训项目：案例分享

实训目的：

通过案例分享，认识到职场中与上级建立良好沟通关系的重要性，为进一步学习职场沟通，赢得上级重视做好准备。

实训内容：

为什么不提拔我

小 A 在一家公司工作了六年，工作能力很强，为人正直，很受同事好评，还经常在领导面前坚持己见，并引以为豪，觉得自己是一个好员工，但从不主动与领导交流。多年下来，感觉一些能力不如他的同事却被提拔了，只有他还原地踏步，于是自我反省，认为自己太过正直，而领导喜欢阿谀奉承的人，后来还变得愤世嫉俗。

实训步骤：

1.请思考：关于小 A 对自己遇到问题的分析，你怎么看？

2.如果你是小 A，你会有什么不一样的思考？

3.请写下你获得的案例启示，上传至群共享。

实训拓展：

请把你收集的与本任务相关的案例、情景、活动等，打开活页扣，加装进来。

项目二　如何与下级沟通

任务一　如何有效传达指令

▶ 任务解析

随着职场晋升，当成为管理者，传达指令就是管理工作的内容和日常，如何有效传达指令呢？

▶ 知识准备

一、明确下达指令的必要性并确保正确地传达

有些管理者在下达指令时，连自己都不明白，或者指令过于抽象，下级无法掌握指令的意图和目标。一个清晰的指令至少包括三点：标准、考核和时限。也就是指令有没有标准、考核措施是什么、什么时间完成。因此，一个管理者下达指令，要明确告诉下级要干什么，达到什么要求，什么时间完成等，这是下达指令的最低要求。

7-5　如何
有效传达
指令

二、下达指令时要尊重下级

一般情况下，下级尊重上级已经成为常识，然而上级也要尊重下级，特别是在下达指令的过程中，有些管理者依仗着自己的职权，对下级随意地呼来喝去，缺少起码的尊重，或者把指令当硬性命令，语言生硬，下级听了心里不舒服，会影响到其工作态度。实践证明：越是尊重下级的领导越有威信。

三、强调任务指令的重要性并激励下级

管理者在下达指令时要强化工作的重要性，只有下级认识到工作的重要性才可能认真去做。不仅要让下级认识到工作的重要性，还要激励下级。激励是工作的兴奋剂，人的潜力在很大程度上是被激励出来的。管理者要善用激励工具，这样也可以大大提高下级的执行力。

▶ 要点小结

如何有效传达指令：

- 明确下达指令的必要性并确保正确地传达
- 下达指令时要尊重下级
- 强调任务指令的重要性并激励下级

▶ 任务实训

实训项目：情景模拟

实训目的：

通过情景模拟，感受如何下达指令，提高下达指令的有效性。

实训内容：

对照以下任务，模拟传达指令。

1. 让下级复印文件。

2. 将办公室的办公桌重新摆放一下，让室内更宽敞一些。

3. 布置今晚加班。

实训步骤：

1. 两人一组，分别扮演上级和下级，置身于角色情景，按照以上任务内容练习。

2. 体会并分享你在模拟过程中的内心感受。

3. 请写下你从模拟中获得的启示，上传至群共享。

任务二　上级犯错时如何与下级沟通

▶ 任务解析

人非圣贤，孰能无过？普通人犯错时主动承担责任、主动道歉，可能比较容易。但是很多管理者由于难以放下自己的身份，觉得和员工道歉会很没面子，会降低自己的威信和领导形象，于是找各种理由推卸责任，甚至想办法掩饰错误。上级犯错时应如何与下级沟通呢？

▶ 知识准备

一、上级犯错时要学会自我批评

上级在自己犯错时要学会自我批评。人性的本能似乎是不愿意承认错误的，但下级会看上级的行为示范，如果上级主动道歉，会获得下级的信任，或者如果上级有错就自我批评，以感召下级，会激发下级的进取心，调动下级的积极性和创造性。

7-6 上级犯错时如何与下级沟通

二、上级犯错时要虚心听取下级的意见

上级犯错时除了自我批评，还要虚心听取下级的批评意见，不能因为自己掌握着权力就忘乎所以，"只许州官放火，不许百姓点灯"是要不得的。

三、学会主动道歉

犯错后的道歉，是向对方传达你的歉意，并使对方理解和接受的机会，同时也是员工改变对你看法的重要契机，这种情况不能只关注自己的感受，需注意以下几点：

第一，道歉态度要真诚。表达歉意时一般遵循三个步骤：承认错误、感到悔恨、承担责任，这样的歉意才能被对方更好地接受。

第二，担当责任。领导的担当能让下级更有归属感。上级的担当体现着一种胸怀，也是领导魅力的表现方式之一。

第三，精准表达。针对不同员工采取不同的态度、不同的语言来进行个性化道歉，方显上级的宽宏大量。犯了错误时主动道歉、承担责任是塑造自己人格魅力的

黄金时机，不仅不会损失威信，反而会增加威信！

❯ 要点小结

上级犯错时如何与下级沟通：
- 上级犯错时要学会自我批评
- 上级犯错时要虚心听取下级的意见
- 学会主动道歉

❯ 任务实训

实训：案例分享

实训目的：

通过案例分享，体会上级犯错时的做法带来的影响，为进一步学习和实践做好准备。

实训内容：

一份丢失的文件

张总不久前遗失了一份重要文件资料，搜遍了办公室的各个角落都没有找到，为此把秘书骂了一顿。一个星期之后，他在自己家中的抽屉里发现了那份文件，按理说，他应该向秘书道歉，但他觉得不好意思，因这事自己还骂过秘书。可是经过一番内心挣扎，他还是决定向秘书道歉。因为他考虑到，若是自己不能以身作则，日后会很难管理犯错的下级。当他向秘书道歉后，秘书感动不已，工作更加卖力了。

实训步骤：

1. 请思考上述案例中张总的做法带给你怎样的启示。
2. 如果你是张总，面临这种情况你会怎么做？
3. 请写下你获得的案例启示，上传至群共享。

实训拓展：

　　请把你收集的与本任务相关的案例、情景、活动等，打开活页扣，加装进来。

项目三 如何与同事沟通

任务一 同事之间如何化干戈为玉帛

▶ 任务解析

职场是一个复杂的世界，很多人困于和同事的不良人际关系，面临极大压力。同事之间发生矛盾如何化干戈为玉帛？

▶ 知识准备

一、采取积极的态度，采用恰当的沟通方式

同事之间有矛盾并不可怕，只要能够面对现实，积极采取措施去化解，依然能维持良好的关系。遇上怀有敌意的同事，要学会顾全大局，不宜让矛盾激化或者公开化，需要有一定的胸怀，化被动为主动。沟通中要注意语言及沟通方式，避免赢了嘴输了心。

7-7 同事之间如何化干戈为玉帛

二、同事之间要勇于承认错误

同事之间因工作出问题，往往容易把责任和错误推给对方，彼此都不让步，使得矛盾越来越深。如果自己确实说错了话，做错了事，又不想造成无法弥补的伤害，获得对方谅解的最好办法就是说句"我错了"。不要害怕承认自己的错误，以为这样别人会看不起自己。其实，真正有能力的人都是勇于承认错误的，更何况主动承认错误是解决问题最好的方式。

三、同事之间沟通要学会真诚表达自己

同事之间沟通，尽可能坦白讲出自己内心的真实感受、想法和期望，让对方充分感受到你的诚意。决不能进行恶意的批评、责备、抱怨，甚至故意攻击对方，这样宣泄的结果只能是两败俱伤。

四、解决同事之间矛盾要学会从不同角度看问题

当局者迷，旁观者清。同事之间有许多矛盾难以解决，可能是彼此都深陷矛盾之中，思维进入了一个狭窄的通道，深陷其中难以跳脱。在这种情况下，只有学会突破原有的思维框架，主动站在一个新的高度上去思考，才更容易找到解决矛盾的方法。

❯ 要点小结

同事之间如何化干戈为玉帛：
- 采取积极的态度，采用恰当的沟通方式
- 同事之间要勇于承认错误
- 同事之间沟通要学会真诚表达自己
- 解决同事之间矛盾要学会从不同角度看问题

❯ 任务实训

实训：案例分享

实训目的：

通过案例分享，体会同事之间矛盾的处理办法，为进一步的学习和实践做好准备。

实训内容：

惊魂一刻扭转局势

小丽和小莹是一个公司的同事，从进入公司第一天起，她俩在工作成绩上就你争我夺。有一次，公司组织出游，让她俩的关系发生了变化。出游时在车上无聊，几个年轻人决定打牌，小丽想："哼，打牌是我的强项，这次怎么也要为自己赢回面子。"于是在出牌过程中，凡是小莹出的牌，她一概压住，即使她的牌并不一定好。小莹很快觉察到了："你干嘛老压着我呀？"她得意地笑笑"牌好，没办法"，一边说一边捻着手里那几张最小的牌打肿脸充胖子。突然，司机的一个急刹车，小丽险些摔倒，在这千钧一发之际，小莹对小丽大叫："嘿，小心！"说着快速用手抓住了小丽，这一抓使小丽避免了这次危险。回过神来的小丽一愣，她的手和小莹的手紧紧地握在了一起，相视一笑。从此，一切都改变了，两人互相帮助，取长补短，还成了工作上的好朋友。

实训步骤：

1.请思考：上述案例中小莹的做法带给你什么样的启示。

2.如果你是小莹，会怎么做？

3.请写下你获得的案例启示，上传至群共享。

任务二　如何有效获得同事的帮助

任务解析

身在职场，没有谁可以做到一个人完成所有的事情，由于自身能力等的局限性，大家需要互相帮助。只有主动去帮助同事，在关键时刻才会得到同事有效的帮助。

知识准备

一、养成主动帮助同事的好习惯

同事之间在日常的工作、生活上互相关心、帮助和支持是很重要的。尤其在工作中，当同事遇到困难或者工作出现纰漏的时候，如果能及时给予相应的帮助和支持，是最有价值并能产生奇效的，会获得比较好的人际关系。

7-8　如何有效获得同事的帮助

二、掌握请求同事帮助的基本技巧

第一，可以直接说出你的请求。直接说出请求比拐弯抹角的方式更容易让人接受，这样表达对于性格直爽、做事讲究效率的人十分有效。

第二，想求人先夸人。请求帮忙之前，最好真诚地、认真地表达对他的赞美。

第三，说清理由，不找借口。请求同事帮忙一定是有理由的，不要因为偷懒找一些冠冕堂皇的借口，而是实实在在地把自己需要帮助的理由说出来，真实的理由最有力量，谎言往往不堪一击。

第四，寻求帮助切不可过度利用友情。在职场，同事之间不能以为大家关系好，就可以借友情的名义随意使唤人，友情需要彼此珍惜、彼此尊重。自己能做好的事情首先自己独立完成，确实需要帮助的时候再请求帮助。

❯ 要点小结

如何有效获得同事的帮助：
- 养成主动帮助同事的好习惯
- 掌握请求同事帮助的基本技巧

❯ 任务实训

实训目的：

通过案例分享，体会同事之间互相帮助的意义和好处，学会与同事之间互相帮助；通过联系实际，把学到的技巧很好地运用。

实训项目1：案例分享

实训内容：

互帮互助显真情

程功和徐媛是同事。有一次，程功拟好了一份业务报告，准备送去给主管审查。虽然报告书的内容很有价值，但由于难以迎合主管的胃口，程功怕主管不会接受。于是在办公桌前绞尽脑汁，很是苦恼，一时半会儿想不出什么办法，不知道该怎么办？马上就要下班了，程功还没有打算离开的意思。这时同事徐媛看到了，并知道了程功的担心，主动向程功说，如果你愿意，我帮你先看一下报告吧。徐媛看过之后，真诚地告诉程功，他的报告写得确实条理分明，但是语气太过尖锐，如果稍加改动会更加完美。程功听了徐媛的建议很是感激，随即按照徐媛的建议认真地修改了报告，果然顺利通过了，因此，程功把徐媛的帮助记在心里。过了几个月，徐媛想向公司申请一台电脑。从长远的角度看，添置这台电脑会使公司的运营更加顺利，工作效率更高，办理业务更加方便。然而，领导几个星期前，刚刚在公司宣布要降低成本、节约经费开支，此时提出申请，徐媛担心申请无法通过。这时，程功了解到徐媛的担心，帮助徐媛一起想办法，于是和徐媛说："你在申请书上注明一句话：这台电脑将在与我们有业务来往的那家公司以最低价格购买。"结果徐媛的申请居然顺利获批了。

实训步骤：

　　1.请思考上述案例中程功和徐媛的做法带给你什么样的启示。

　　2.请写下你获得的案例启示，上传至群共享。

实训 2：联系实际

实训步骤：

　　1.两人一组，互相分享。

　　2.用具体事例说明你是如何获得同学帮助的。学习之后有什么新的想法？

　　3.请写下刚才的分享带给你的启示，上传至群共享。

任务三　如何赢得同事的尊敬

▶ 任务解析

　　莎士比亚说："如果想到达自己的目的地，就必须用温和一点的态度向人家问路。"我们对待别人的态度往往决定着别人对待自己的态度。尊重别人，才能赢得别人的尊重。如何赢得同事的尊敬呢?

▶ 知识准备

一、尊重同事在先

　　尊重同事是一种工作态度，是一个职业人必备的基本素质。在职场，每个人都觉得自己很重要，倘若能够把同事看得比自己更重要，首先向同事表达尊重，沟通上给对方留有余地，才会得到同事的尊敬。

7-9　如何赢得同事的尊敬

二、主动关心同事

　　无论同事在工作上取得了成绩，还是遇到了挫折，都应该及时表示关心，这样会让对方感觉到你心里有他，他在你心里有一定的地位。

三、善于倾听同事

　　职场上会有人充当"语言的强权者"，无情地打断同事的表达和诉说，不等同事把话说完就主观臆断下结论；也会有人以"过来人"甚至"专家"的身份把自己的看法强加于同事之上，这都可能是没有良好的倾听习惯导致的。没有良好的倾听习惯，很难赢得对方的尊敬。

四、学会吃亏

　　常言道："吃亏是福。"得失永远不在一时一事，要学会站得高看得远。人在职场，学会吃亏也许会获得更多的成功，也许会更多地赢得同事的尊敬。

▶ 要点小结

如何赢得同事的尊敬：
- 尊重同事在先
- 主动关心同事

•善于倾听同事
•学会吃亏

任务实训

实训：案例分享

实训目的：

通过案例分享，体会同事之间微妙的沟通，进一步提高与同事沟通的能力。

实训内容：

以德报怨赢尊敬

小A和小B是同事，在工作能力上小A比小B稍胜一筹，这让小B心里很不爽，而他平衡自己嫉妒心理的方法就是伺机向小A放暗箭。在一次方案研讨会上，小A刚刚说完自己的设想，请大家发表不同意见，小B第一个表态，语气明显不阴不阳，小B说道："小A花了这么多的工夫，搞了这么一堆材料，一定很辛苦，我怎么一句也没有听懂呢？可能是我水平确实太低了吧？理解能力有限吧！"他的话一出口，小A的脸一下就红了，本来想回敬他几句，但考虑到这是当着大家的面，这么多人，就忍住了。后来，小A当上了小B的领导，小B每天担心小A给他穿小鞋，但是，小A不仅没有给小B难堪，还主动向上级举荐小B，小A以德报怨的行为感动了小B。从此，小B在工作上非常支持小A，小A不仅赢得了小B的尊敬，也赢得了其他同事的尊敬。

实训步骤：

1.请思考上述案例中同事小A的做法带给你什么样的启示。

2.如果你是小A，遇到类似情况你会怎么做？

3.请写下你获得的案例启示，上传至群共享。

任务四　与同事沟通的禁忌

▶ 任务解析

> 职场的同事关系是一场很深的缘分，然而与同事的相处与沟通有时并非想象中那么顺利，可能有很多不尽如人意的地方，因此要认识到与同事沟通的禁忌。

▶ 知识准备

一、同事之间不传谣

在职场，同事之间不传播无依据的消息，不在人前人后议论别人的是非，更不要在同事面前传播你听到的不利于他的言语，这会影响工作情绪。职场从来都是铁打的营盘流水的兵，曾经无意中说出去的话，不知道什么时候就会给自己带来麻烦。

7-10　与同
事沟通的禁忌

二、不要满腹牢骚、逢人诉苦

在同事面前不要经常发牢骚，即使遇到挫折、饱受委屈、得不到领导的信任，也不要牢骚满腹、怨气冲天。发牢骚只是人们表达不满的一种手段，并不能解决什么问题，相反牢骚满腹只会招致同事嫌弃，或者被同事瞧不起。

三、不要把谈话当辩论

同事之间相处要多一些友善，说话态度要谦和。对于一些非原则性问题，没必要争个是是非非。即使是原则性的问题，也要允许别人持保留意见，切莫喋喋不休、钻牛角尖。一味地好辩逞强，只会让同事"敬"而远之，不少口齿伶俐的人在组织中人缘并不好。

四、不抢风头、不炫耀

有些人的同事关系老是搞不好，就是因为喜欢抢风头，以为自己最重要，以为自己比别人能干。同时，也尽量不要在同事面前自我炫耀，特别是涉及类似加薪、获得奖励等情况。

▶ 要点小结

与同事沟通的禁忌：

- •同事之间不传谣
- •不要牢骚满腹、逢人诉苦
- •不要把谈话当辩论
- •不抢风头、不炫耀

▶ 任务实训

实训：案例分享

实训目的：

通过案例分享，体会同事之间沟通的微妙之处，为进一步学习同事间沟通技巧，提高沟通能力做好准备。

实训内容：

申诚的苦恼

申诚所在公司的部门里只有两个下级，他本人和一个比他大两三岁的老员工张姐，张姐很爱表现自己，很爱抢风头，别的同事问个事，张姐总是抢先回答；领导说什么，张姐也抢着来说；在领导面前也抢着做事，好像她很积极……有一次领导安排给申诚的任务，申诚有一个小问题不懂请教了下张姐，结果张姐把事情抢着做完了，还亲自向老总汇报，好像事情都是她一个人做的一样，申诚的苦恼你能理解吗？

实训步骤：

1. 请思考你对案例中张姐的做法有什么看法。

2. 如果你是申诚，你会怎么办？

3. 请写下你获得的案例启示，上传至群共享。

实训拓展：

请把你收集的与本任务相关的案例、情景、活动等，打开活页扣，加装进来。

模块七知识考核

1.（选择题）工作汇报一般需要做到（　　）。

A.主动汇报　　　　　　　　　B.及时汇报

C.先汇报工作结果　　　　　　D.重在汇报工作过程

2.（选择题）职场中上级在传达指令的时候，需要注意的地方有（　　）。

A.明确下达指令的必要性并确保正确地传达

B.不需要考虑太多直接传达

C.上级领导没有什么可注意的，指令随时下达

D.下达指令时要尊重下级

3.（判断题）同事之间相处，无论是原则问题还是非原则问题，都要搞个水落石出，只有清楚、明白，才能更有利于建立良好的同事关系。（　　）

4.（判断题）从有利于职场发展的角度看，如果上级批评错了，就应该直接告诉他"你说的不是事实，我的才是对的"。（　　）

5.（判断题）在职场，工作一定要讲究勤沟通、勤汇报，汇报工作必须认真细致，要讲清楚来龙去脉，前因后果，最后说出来结果，否则领导无法把握全面的信息。（　　）

模块七综合实训：情案模拟与案例分享

实训1：情景模拟

实训目的：

通过情景模拟，学习与上级的沟通技巧，提高沟通综合能力。

实训内容：

范杰与上级的沟通

范杰的上级是一位管理细致的领导，每次布置任务，连非常具体的细节都有所要求，要求下级完全按照他的思路和模式来做每一项工作，员工没有任何创新的空间。有几次，范杰就某个方案根据自己的观点做了创新，没有完全按照上级的思路设计，事后也向上级陈述了自己的理由，他解释说，按照这样的思路可以更快、更好地完成此项工作，但上级还是认为，这是不按规矩办事，予以否决。范杰觉得非常不满，工作积极性大大受挫。但目前，范杰对于公司氛围、所从事专业以及收入

还比较满意，不想因为不适应上级的工作特点而调换部门或跳槽。于是，范杰不得不考虑如何做好与上级的沟通，使自己能在工作中发挥创造性和主动性。

实训步骤：

1.学生分组，选择组内两位同学扮演范杰与上级，进行情景模拟。

2.首先简单讨论沟通的思路，以即兴为主。

3.请小组内其余同学对模拟的沟通过程进行评述，指出优点和不足。

4.由小组成员共同讨论解决这样问题的方法。

5.对照个人的思考、情景模拟和小组的讨论，总结出以后处理这种情景的可操作方案要点。

实训 2：案例分享

实训目的：

通过案例分享，体会组织内部沟通的复杂性，不断学习，提升沟通能力。

实训内容：

高经理的沟通

小李是公司销售部的骨干，业绩不错，在公司很受器重。然而最近小李的工作热情却有点低落，以往活跃的他，开会也很少发言了。销售部的高经理觉得奇怪，便把他单独叫到办公室面谈。没谈几句，心直口快的小李就开始抱怨："高经理，你说咱们公司那些行政、财务的人是怎么回事？为了摆平这个客户，我在外面跟别人拼死拼活，好不容易完成了，却被家里人难住了！"

"怎么回事？"高经理疑惑地问。

"昨天我缺一份公司的营业执照复印件，先找行政，他们说要到财务那儿取。好不容易找到了财务，又说要财务总监同意，而财务总监又关机，这不让人撮火吗？"

"什么时候的事啊？"

"上周一晚上8点。"

"哦，都下班了！再说人家也不知道你着急找他呀。"

"我和其他部门的人吃饭的时候，他们还总说'销售多好哇，一切资源投入都是你们优先'。可我们部门累得半死也没人看见，而且谁都能冲着我们呼来喊去。真气人！"

实训步骤：

1.请思考本案例中出现这种情况的原因是什么。

2.你有什么解决思路？

3.请写下你获得的案例启示，上传至群共享。

模块七总结区

姓名：_____ 日期：_____年____月____日

提炼本模块学到的知识点和技能点（可以采用思维导图形式，下同）

分享你在本模块学习中的实践与感受

秀一下你在本模块的发现和建议（可上传至群共享）

主要参考文献

［1］吕书梅. 管理沟通技能［M］. 5版. 大连：东北财经大学出版社，2022.

［2］康青. 管理沟通教程［M］. 4版. 上海：立信会计出版社，2018.

［3］肖建中. 管理人员十项全能训练Ⅱ［M］. 北京：北京大学出版社，2006.

［4］惠亚爱，李小鹏. 沟通与礼仪［M］. 北京：人民邮电出版社，2015.